黑龙江省教育科学"十四五"规划 2022 年度重点课题《基于区域教育高质量发展的教研联盟机制构建及应用研究》（课题编号：JJB1422121）

# 面向未来的
# 小学数学育人课堂

杨瑞松◎著

黑龙江大学出版社
HEILONGJIANG UNIVERSITY PRESS
哈尔滨

**图书在版编目（CIP）数据**

面向未来的小学数学育人课堂 / 杨瑞松著. -- 哈尔滨：黑龙江大学出版社，2022.7
ISBN 978-7-5686-0793-3

Ⅰ．①面… Ⅱ．①杨… Ⅲ．①小学数学课－课堂教学－教学研究 Ⅳ．① G623.502

中国版本图书馆 CIP 数据核字（2022）第 055404 号

面向未来的小学数学育人课堂
MIANXIANG WEILAI DE XIAOXUE SHUXUE YUREN KETANG
杨瑞松　著

责任编辑　张微微　邢会芳
出版发行　黑龙江大学出版社
地　　址　哈尔滨市南岗区学府三道街 36 号
印　　刷　哈尔滨市石桥印务有限公司
开　　本　720 毫米 ×1000 毫米　1/16
印　　张　13.75
字　　数　218 千
版　　次　2022 年 7 月第 1 版
印　　次　2022 年 7 月第 1 次印刷
书　　号　ISBN 978-7-5686-0793-3
定　　价　49.00 元

本书如有印装错误请与本社联系更换。

# 序

## 知之真切笃实 行之明觉精察

2021岁末，拿到了瑞松老师邀我给他作序的新书《面向未来的小学数学育人课堂》。在我心中，为人写序是件极严肃的事，细细品读过后，感触颇多。让我想起王阳明的箴言："知之真切笃实处即是行，行之明觉精察处即是知。知行功夫，本不可离。"

作为哈尔滨市小学数学的引路人，瑞松老师始终致力于学术研究与一线教学的融合，他那对数学学科理论知识的执着与严谨，对教学实践踏实的思考与求是，令人钦佩。教育是一项复杂的工程，在观念与行为，努力与结果之间，还有很大的空间，需要有人去细化，去填补，并需要持续努力地去为之行动。这个空间的填补，最缺的就是扎实探索的精神和有理论引领的长期努力。我觉得，这本书所显示出来的，就是这样一种努力。书中有关于凸显育人价值，夯实课堂之基，以数育德的思考；有优化学习、结构化学习、本质学习、融合性学习的立足课堂之本的价值追问；有关注高阶思维，构筑课堂之根的思维导图和益智课堂的探索创新；有术与数的融合，凸现课堂之妙的方法指导；有评育相依，提升课堂之质的教育评价改革分析。洋洋洒洒，看似信手拈来，实则匠心独运。瑞松老师用他的思考与行动，填补着教育理念与教学行为之间的空白。

我尤其赞赏的有两点：一是知行合一。将理论的学习、思考和实践资源充分融合，内容有深度，更有温度。正所谓：大道至简，精于心，简于形。本书用"育德、育学、育思、育术"四个词深度诠释了面向未来的小学数学育人课堂之本质，提炼出四个维度和实施建议，并最终将其落实到面向未来的育人评价体系之中，评育相依，促进育人课堂的二次发展。本书理论架构完整清晰，有依据，有案例，看得懂，讲得活，更接地气，贴内心。

二是瑞松老师在工作中善于抓准契机。从学科培训、"烛光杯"课堂教学展示、青年教师课堂教学与教学技能展评、"双师同堂 同课同构"研讨等活动的实践与思考中提炼出"育德、育学、育思、育情"的四育课堂理论，又将"四育"深化为本书现在所阐述的"育德、育学、育思、育术"；从"一心三层五平台"靶向教研的实践研究，实施以目标和问题为导向的精准教研。本书通过对不同课型的研究，帮助教师破解课堂教学难题。瑞松老师的探索始终基于问题、基于时情，不断地思索、不断地改进。他的心中装着一线教师、基层学校、小学数学教育的发展，推动区域课程建设的共建共享。他在不同的时间节点做着最恰当的事，踏踏实实地为小学数学教育进行创造性的实践。瑞松老师是师之友，更是师之师，他将多年的实践与探索凝结成一本书，是对专业领域的不懈追求，更是对广大教育工作者的激励。此书值得反复研读，知之真切笃实，行之明觉精察，知行交融，足见其质。我谨以这篇小文，表达钦佩之意！

高枝国
2021 年 12 月 30 日于哈尔滨

# 前　言

　　教育似光,光阴似箭。从事教育工作的 35 年来,我一直走在教育实践的路上,不曾停歇。然而,心中却总想着还可以为小学数学教育再做些什么。直到遇到连续一周的集中教研活动,连续三天通宵达旦的稿件整理让我感慨万千。这些实践资源的整合和多年来的理论思考相互交融给我带来了深深的思考和启发:我们为谁培养人? 培养什么样的人? 该怎样培养? 怎么教、怎么学? 希望有什么收获? 我们该思考什么、怎么思考? 思考应该有怎样的提升? 我们该做什么、怎么做? 做到什么程度? 我们的起点在哪? 应该有怎样的发展和变化……于是,撰写《面向未来的小学数学育人课堂》一书的想法渐渐浮出水面。而本书可以说是在经过多年的课堂教学改革的思考和实践基础上撰写而成的。

　　2017 年,哈尔滨市组织了"四有"好老师的市级学科培训,当时参加培训的20 位教师覆盖了全市的 18 个区县,每位教师要在 7 天培训的最后,拿出一节体现学生发展核心素养和学科核心素养的课堂教学。当时提出的课堂教学应是育人的课堂、学习的课堂、思维的课堂、人文的课堂,并将立德树人作为首要任务,努力为学生搭设自主学习的平台,激发学生的思维活力,用数学文化、人文关怀浸润学生的幼小心灵,从而实现全面育人的目的。后来,我们就这四个方面进行了分专题的团队研讨和课堂教学交流展示活动,不断丰富其内涵,打磨课堂教学课例,最后获得很好的效果。

　　随后几年,通过"烛光杯"课堂教学展示活动、青年教师课堂教学与教学技能展评活动、"双师同堂 同课同构"研讨活动,以及 2700 多节线上教学视频课程录制评审工作,我们在课堂教学评价标准中将教学思想放在首位。按照教学目标要突出价值引领的育人理念,教学行为要突出学生自主学习的现代教育思想,提炼出"四位一体"育人课堂:"育德""育学""育思""育情"。而后,随着信息技术 2.0 工程的实施,我们的教育要面向未来,就要将信息技术与课堂教学深度融合,培养学生的信息意识,提升教师的现代信息技术运用能力。所以,又将"四育"深化为本书现在所阐述的四个内容:"育德""育学""育思""育术",

从而达到小学数学课堂全面育人的目标。在此基础上,我们又将视野和目标定位为面向未来的学科课堂:面向未来的教育该是什么样的? 面向未来的课堂该是什么样的? 教师应具备哪些基本素养才能够培养出面向未来的人才? 基于这些思考,我们将教师先进的教学理念和坚定的育人方向作为首要的思想基础;将基本的教学技能(课标的把握、教材的理解、重难点的明晰、学情分析、教学媒体的运用、习题和试卷的设计与评析等)作为行为基础;将善用激励性评价和导向性评价作为教学评价的首要原则。在教学中优化学生的学习过程,强化学生自主学习、主动探究、合作交流的学习方式,适时开展项目式学习和融合性学习,强化以问题为导向的课堂教学,培养学生的问题意识,以及发现问题、提出问题、分析问题和解决问题的能力。

自 2018 年以来,我们开展了"一心三层五平台"靶向教研的实践研究,实施以目标和问题为导向的精准教研——以靶向教研为统领,以育人课堂实施为载体。通过整理复习课、试卷讲评课、单元整体教学等落实核心素养的研究,帮助教师破解课堂教学中遇到的难题;通过新课标、新教材、新课堂、新教研活动探索落实核心素养的策略和方法;通过老教师、骨干教师与新教师的"双师同堂同课同构""同课异构"展示活动,覆盖哈尔滨市 200 余个乡镇的乡村教师课堂教学展示活动,基地学校校本研修展示交流活动,名优教师的课堂教学观摩活动,依展促练,以展促培。这些活动的开展为本书提供了丰富而优质的课例,以此来作为理论支撑(本书所选课例的教学内容均选自人民教育出版社小学数学义务教育教科书),帮助我们解决教学中的难题。

面向未来的小学数学育人课堂,立足当下、放眼未来。对未来人才的培养,我们通过课堂教学实践来探寻。从思想品德培养、让真正的学习发生、思维品质提升、技术与教学深度融合,即"育德、育学、育思、育术"四个方面开展全程、全员、全方位育人的有效路径和策略。首先,从全方位透视课堂教学,诠释面向未来的"四位一体"育人课堂。"四位一体"育人课堂是以数学教育为核心,如人的大脑,德、学、思、术是育人课堂的四个具体目标,如人的四肢。大脑与四肢彼此关联,促进每个目标的达成,最终实现"四位一体"育人课堂。此外,本书对当前课堂教学中落实立德树人根本任务、发展学生核心素养和小学数学学科核心素养、确立课堂目标、培养学生思维和信息意识等均进行了积极探索和实践。

在此,希望通过这本书可以搭建起联系先进教学理念和教学行为的桥梁,为广大一线教师提供理论和实践相融合的教育资源。书中提到的诸多课堂教学策略与方法,以及优秀的教学课例、案例,都是从哈尔滨市的教学展评、主题研讨、论坛交流、课堂观摩、技能展示等教研活动中总结、提炼、归纳出来的,具有很强的实践指导意义,是众多实践者和研究者辛苦付出、精诚合作的结晶。透过课例、案例的呈现,透过设计意图、评析的描述,希望广大教育同人们可以窥视教师的教与学生的学这一过程,从而带来点滴借鉴和启发。

杨瑞松

2021 年 12 月 30 日于哈尔滨

# 目　录

# 第一章 绪论

## 第一节 面向未来的育人课堂理论依据

### 一、背景与意义

随着我国教育事业的飞速发展,在现代教育理念的驱动下,学生发展核心素养得到广泛认可,广大的基础教育工作者在实践中不断丰富和探索具体的实施路径和策略。2021 年 4 月 29 日,第十三届全国人民代表大会常务委员会第二十八次会议通过了《关于修改〈中华人民共和国教育法〉的决定》。其中,新修订的教育法将教育方针规定为:"教育必须为社会主义现代化建设服务、为人民服务,必须与生产劳动和社会实践相结合,培养德智体美劳全面发展的社会主义建设者和接班人。"[①]这一方针使我们更加明确了教育的目标和任务。我们的课堂教学首要解决"为谁培养人、培养什么样的人、怎样培养人"这个根本性问题。也就是说,要关注课堂教学的育人功能,那么,面向未来的教育将更加凸显这种育人功能,即担负着培养适应社会发展、促进社会发展的各方面人才的任务。那么,面向未来的教育究竟是什么样呢?

扎克伯格夫妇在给女儿的信中就预言了未来教育的四大趋势:

一是学生将根据自身的兴趣、需要和目标来寻找教师,学习将是个性化、定制化的;

二是基于互联网的学习将突破时空限制,同样也不会受到同龄人学习进度的束缚;

---

① 全国人民代表大会常务委员会关于修改《中华人民共和国教育法》的决定[N]. 人民日报.

三是学习将不再是记忆前人的经验、知识,而是掌握可实践的技能,甚至探索前所未有的领域;

四是教师将不再是一种全职职业,它将不受年龄、职称、学历的限制,只要某个人在某个领域很专业就可以在这个领域灵活地教学生。

华东师范大学教育学部高等教育研究所荀渊提出:"伴随着未来学生学习方式与教育形态的革命性变革,未来教师的角色将呈现出多样性与专业性的结合,成为学生学习过程的领航员、学生学习的评估者、学习情境的创设者、学生发展的交流者、学习资源的开发者和专业成长的自主学习者。"①多角色的定位赋予了教育和教师更高的角色使命。

随着"教育＋互联网"的发展,我国义务教育的数字教育资源体系迅速覆盖各地,未来的教育将在互联网、人工智能支持下更加关注育人功能,这体现在培养学生的人生观、价值观,树立责任担当、国家认同、国际视野和为人类服务的理想信念上。

未来的课堂要求教师的角色定位发生变化,将从知识的传授者变成学习的组织者、学习活动的设计者和服务者。学生将有更多的时间和更大的空间进行个性化学习,从学习内容、学习方式、学习场所,甚至作业选择上都将发生重大的变化。同时,教学环境、硬件设施、人文环境、生活情境,这些都将是未来课堂所关注的内容。

未来课堂要求对学习有更深刻的理解。首先要树立生本思想和学本思想,将学习者的学习放在核心位置。开展深度学习、体现结构化学习、形成知识体系、促进学生深度思考已成为常态。同时要加强融合性学习,包括跨学科的知识融合、学科文化增加人文积淀。通过 STEAM 项目式学习,达到提高学生核心素养的目的。通过研究性学习,体现学习的实践性、应用性、社会性和时代性。学校也将通过主题性学习和研学旅行等活动,提高学生的研究意识、学习意识、应用意识。例如:在特殊时期,如果你是……应当如何面对? 面对人工智能,你对未来有怎样的想法?

未来课堂将更加关注学生的思维学习方式以及评价方式。对于未来人才需求和未来教育而言,思维能力是学生的核心素养之一。无论是义务教育,还

① 荀渊. 未来教师的角色与素养[J]. 人民教育,2019(12):36.

是高中教育的所有学科,都将思维能力的培养作为课程标准中的核心培养目标之一。学生的逻辑性思维是基础,思维的灵活性是良好思维素养的体现。培养学生的创造力是未来教育的根本,创造力应当从基础教育抓起,培养学生创新意识、创新能力、创新机遇。从双基(基础知识、基本技能)走向四基(基础知识、基本技能、基本思想、基本活动经验),由两能(分析问题、解决问题的能力)转向四能(发现问题、提出问题、分析问题、解决问题的能力)。

未来课堂的教学形式会发生巨大变化。将从班级纯线下面对面教学向线上线下混合过渡,将充分发挥远程线上指导的作用。学生的学习方式、学习场所也将发生巨大变化。在统一标准的前提下,个性化学习、个性化发展将成为主流。知识学习的途径不断拓展,资源不断丰富,而应用的方式也将不断多样化。

未来课堂的评价标准和评价方式也将发生巨大变化。由原来的师生评价、生生评价转变为有技术和机器介入的评价,由原来甄别性、终结性评价转变为过程性、诊断性、发展性评价,将真正发挥评价的作用,从而为学生的个性化发展提供指导性的建议和方案。

## 二、理论依据

《礼记·大学》说:"大学之道,在明明德,在亲民,在止于至善。"近代教育家蔡元培也曾经说过:"德育实为完全人格之本。若无德,则虽体魄智力发达,适足助其为恶,无益也。"习近平总书记 2018 年在全国教育大会上强调:"要培养德智体美劳全面发展的社会主义建设者和接班人。"①古往今来,育人之首是"育德",那么深挖教学中的德育教育、思政教育就是课堂教学的基础。这样的课堂能够给予学生人生观、价值观的引领,同时也能在课堂教学中融合社会责任、国家认同、国际理解等核心素养,感悟社会主义核心价值观的内涵和远大意义。

数学教育承载着落实立德树人的根本任务和发展素质教育的功能。数学教育帮助学生掌握现代生活和进一步学习所必需的数学知识、技能、思想和方

---

① 习近平:坚持中国特色社会主义教育发展道路 培养德智体美劳全面发展的社会主义建设者和接班人[EB/OL]. (2018 – 09 – 10)[2021 – 05 – 01]. http://www.xinhuanet.com/politics/leaders/2018 – 09/10/c_1123408400. htm.

法;提升学生的数学素养,引导学生会用数学的眼光观察现实世界、会用数学的思维思考现实世界、会用数学的语言表达现实世界;促进学生思维能力、实践能力和创新意识的发展,探寻事物变化规律,增强社会责任感;促进学生形成正确人生观、价值观、世界观等。

育人教育是素质教育的重要组成部分,小学阶段又是进行德育教育的黄金期,因此我们要将德育教育融合到各科教育中来。然而,面向未来的"育人"需求之"人"并不是单方面优秀之人才,而是全面发展之社会人才。这就决定"四位一体"育人课堂之宗旨不仅仅是单方面的存在,也不是几方面的简单叠加,而是建立在面向未来的"育人"需求基础之上的"德、学、思、术"间的相互作用、相互融合。

## 第二节　面向未来的小学数学育人课堂的基本特征和内涵

### 一、基本特征

面向未来的小学数学育人课堂是在长期的教学和教研实践中不断探索、总结和发展形成的。在这个过程中,首先用前沿的教育理念作为理论基础,在课堂教学和教研活动中不断实践和归纳,基于课堂教学中发现的困惑和实际问题进行精准定位和大胆尝试,重在问题解决和教学目标的达成。其次,"四位一体"育人课堂,凸显了课堂教学的人文特点,将学科文化与学科知识以及人文关怀有机融合。因此,面向未来的小学数学育人课堂具有前瞻性、实践性、靶向性和人文性。

### (一)具有前瞻性

先进的课堂教学理念要具有一定的引领时代进步、引领当前课堂教学改革的特性。本书在理念上首先是将立德树人作为核心目标,体现以人为本,促进学生的全面发展,同时还对面向未来进行了深入的思考。未来的社会将是一个什么样的社会? 社会需要什么样的人才? 要基于未来社会的发展和人才需求开展面向未来的教育,那现在的教育就要瞄准未来的教育特征、教育发展趋势、教育的根本任务,只有这样的具有前瞻性的理念去指导我们现在的教育和课堂,才能够为未来发展培养合格的社会主义建设者和接班人。此外,面对未来的课堂我们也要有深入的思考,它将是在"互联网+"等现代信息技术支撑下的跨时空、跨地域、跨课程领域的课堂。前瞻性还表现为对课堂教学构架的全新思考,充分体现全方位、全过程、全面育人的教育理念,突出对学生品德教育价值引领和行为习惯等育德要求。未来的课堂要体现自主学习、结构化学习、主动探究、合作学习、深度学习、本质学习、融合性学习,也就是为学生真学习、真正为学生的学习搭设平台,这样的课堂就是育学的课堂。思维是人的核心能力,课堂教学当中要紧紧围绕学生的思维习惯、思维品质、思维方法、思维情感等方面开展教学,要具有育思的功能。紧随时代的发展、社会的进步和科技的突飞猛进,将信息技术的使用和信息意识的培养作为课堂教学的重要内容,将信息技术与学科教学深度融合,从而培养师生的信息意识,体现育术的课堂。此外,这里的"术"还指针对数学课堂教学中学生的问题意识,即发现问题、提出问题、分析问题、解决问题能力的培养,也就是解决实际问题的策略与方法方面的教育。因此,前瞻的课堂构架使我们的课堂更具生命活力、更具育人价值。

### (二)具有实践性

本书从课堂实践的角度描述了"四位一体"育人课堂的核心理念和实践范例,充分体现了好的教学经验和做法是从实践中不断探索、总结、发展、丰富起来的,同时也体现了从实践中来再回到实践中去,在实践中不断完善、不断提升,从而指导我们的课堂教学实践,体现了将好的做法、好的经验、好的理论、好的模式推广到教学实践中去指导广大教师的实践行为,让教师体会育人课堂的基本理念、基本框架、基本操作流程,从而将先进的教学理念与课堂教学实践有机结合,促进课堂教育教学质量的整体提升。

### (三)具有靶向性

在本书编写过程中,我们深刻体会到我们所撰写的内容都是基于现实问题开展有针对性的精准教研和教学活动。这里的靶向指的就是我们通过大量的调研调查和问卷座谈,发现了众多课堂教学中存在的实际问题。为解决课堂教学、校本研修、教师专业发展的实际问题,应促进小学数学课堂由重知识教学向全面育人转变,由学生被动式、接受式学习向自主探究式学习转变,由传统的依靠黑板、粉笔、秧田式的教学向信息技术与学科深度融合的探究式、项目式、跨时空、"互联网＋"的学习方式转变。

## (四)具有人文性

当前小学数学课堂具有人文性,如我们的课程内容编写遵循学生的认知规律,且知识的呈现有丰富的社会生活、家庭生活等人文要素作为背景。在课程目标中将情感态度作为核心目标,充分体现了数学课堂为学生发展核心素养进行的人文积淀。另外,在课堂教学中应该充分体现教师对学生的人文关怀,即在课堂上应关心、关注和关爱学生。因此在本书的撰写中将课堂的人文性作为重要内容。在课例选择中除了注重知识教学和思维发展,更注重教师在人文性方面的充分体现。

综上,我们在现代教育理念指导下的课堂应当充分体现育人这一核心任务,将德、学、思、术四位一体充分体现。因此面向未来的小学数学育人课堂应当具有前瞻性、实践性、靶向性和人文性,从而促进师生的全面健康和谐发展,为学生的终身发展奠基。

## 二、内涵

面向未来的小学数学育人课堂,是在以立德树人为目标、落实核心素养的前提下,初步搭建出"四位一体"育人课堂。

《中共中央国务院关于深化教育教学改革全面提高义务教育质量的意见》(2019 年 6 月 23 日)指出:"突出德育实效。完善德育工作体系,认真制定德育工作实施方案,深化课程育人、文化育人、活动育人、实践育人、管理育人、协同育人。"[①]构建以培养学生人生观、价值观、道德观为主要目的的育德课堂;以培养学生学习能力为主要目标的育学课堂;以培养学生高阶思维为主要思路的育思课堂;以培养教师现代信息技术运用能力与学科教学深度融合、激发师生信息意识、优化解决问题的策略和方法为主要方向的育术课堂。通过构建"四育"课堂落实培养学生的核心素养,实现全程育人、全方位育人的教育目的。

---

① 中共中央国务院关于深化教育教学改革全面提高义务教育质量的意见[N]. 人民日报.

"面向未来的育人课堂"包括育德、育学、育思、育术四个方面。

育德:通过挖掘育人素材、创设育人情境、把握育人时机,培养学生的人生观、价值观、道德观。

育学:重点突出自主学习、深度学习、结构化学习、实践性学习、项目式学习、融合性学习等,通过依托教育理论、关注教学内容、借助教学模式、聚焦时代热点等手段,培养学生的学习能力。

育思:着重关注逻辑思维、批判性思维、创新性思维的培养。通过核心素养的落实、多种思维工具(思维导图、益智器具等)的运用、编程思维的引入,培养学生数学学科的思考能力、思维能力。

育术:包括培养技术应用、信息意识、教学技能、解决问题的策略和方法,以信息技术与教师的教学技能方法相结合,培养学生的高阶思维。

人才培养是转型时代的关键,我们培养的人才要顺应时代要求,与信息化社会接轨。信息技术服务于科技、历史、军事等方方面面,关乎知识、技能、情感态度、价值观等诸多维度,它是课堂的延伸,是学生认知社会、建立三观的重要途径。《中小学信息技术课程指导纲要(试行)》中指出:"信息技术课程的设置要考虑学生心智发展水平和不同年龄阶段的知识经验和情感需求。"因此,面向未来的小学数学育人课堂将"育术"作为人才培养的重要方面,以优化"育学"效果,推动"育思"进程。"育术"不仅促进了"育学"和"育思",还与"育学""育思"不断"融合、重构",最终实现面向未来的小学数学育人课堂背景下的"育人育术"新课堂。

由此可见,"育学"促思,"育思"助学,"育术"育人。"育学"定宽度,"育思"定深度,"育术"定广度,只有将三者紧密地结合起来,才可谓德才兼备也。

然,德才兼备,德之"育德"与才之"育学、育思、育术"又有怎样的关系呢?所谓"德之不修,虽学有道,其行不远""德学一体,必敏于事而慎于言;敏于事而慎于言,必成德学也。故好德如好学,德学一体也"。故,好德之人,必好学,好德亦好学,君子也。

柏拉图说:"思维是灵魂的自我谈话。"思维决定行为,行为决定习惯,习惯决定性格,性格决定命运。思维高度,决定人生高度。诚然,人的成长与思维方式、思维习惯息息相关。如:不同的角度看问题,不同的思维习惯解决问题,结果都会大相径庭。具有良好思维能力的人能看到问题的有利面,也能及时调整思维角度,规避问题的有害面。荀子曰:"君子博学而日参省乎己,则知明而行无过矣。"说的就是这个道理。

综上所述,"育人"先"育德","育德"成良才。"育人"如同"育树",面向未来的小学数学育人课堂就是一粒种子:"育德"似光,德不薄,树不弯;"育学"如土,土有养,树无伤;"育思"如水,春雨落,树苗长;"育术"如肥,肥润泽,树成材。"育人"如育"术",培根固原,苗壮成长!

# 第二章
## 凸显育人价值 夯实课堂之基

育人课堂,就是通过挖掘育人素材,创设育人情境,把握育人时机,培养学生的人生观、价值观、道德观。古往今来,育人之首是"育德",那么深挖教学中的德育教育、思政教育就是课堂教学的基础。

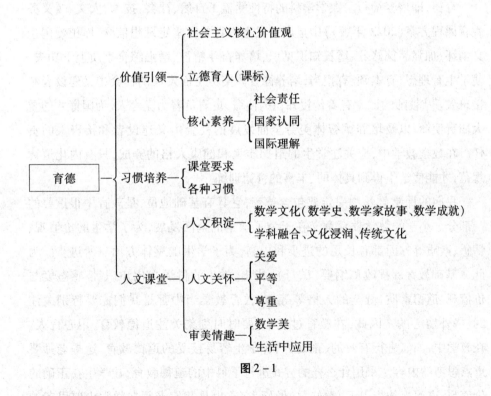

图 2-1

育德包含价值引领、习惯培养和人文课堂三大方面(如图 2-1)。因此,德育是基础教育的重要组成部分,是素质教育不可缺少的部分。数学学科是义务教育阶段的基础,有利于促进学生全面提高、和谐发展,有利于树立正确的人生观和价值观。为此,《基础教育课程改革纲要(试行)》中强调了德育的重要意义和作用。在教学的时候,应该明确学生认识事物的规律,从而去探究教学方法,让学生在课堂中能潜移默化学习到德育知识,在教学中突出德育价值。

# 第一节　育人课堂的价值引领

数学教学过程是一个复杂的过程,其基本目的是使学生掌握必要的数学理论知识,发展学生的能力。在传授知识和培养学生基本能力的过程中,我们必须不断加强育德意识,形成育德观念,做到育德于心。

## 一、解读:什么是育德

育德,即培养德行。数学学科的特性涵盖了自然、社会、技术、人文。《义务教育课程方案(2022 年版)》中指出:"义务教育要在坚定理想信念、厚植爱国主义情怀、加强品德修养、增长知识见识、培养奋斗精神、增强综合素质上下功夫,使学生有理想、有本领、有担当,培养德智体美劳全面发展的社会主义建设者和接班人。"①教师的课堂有着传授知识的使命,更肩负着为党育人、为国育才的重大职责使命,以及培养德智体美劳全面发展的社会主义建设者和接班人的责任。在数学教学中,应关注学生的道德质量和健康人格的养成,只有内化道德规范,才能使学生得到具体的、丰富的育德训练。

我们的课堂教学中一定要包含德育,它具有基础地位,是教育中很重要的一部分。小学的数学教育意义在于为了学生的全面发展,为了学生的价值观、情感、素质等方面都有长足的进步和提高,为了学生的整体方面有所进步。为此,《基础教育课程改革纲要(试行)》指出,学生的科学文化知识、情感态度与价值观、道德素质、健全的人格等等,在教育教学当中都是我们需要特别关注的、格外留心的。因此,在教育过程中,要时时刻刻关注道德教育,用心育人。在教学中,如何进行有效的、正确的、让学生容易接受的道德教育,这是老师要重点思考的内容。采用什么样的方式进行学科中的道德教育,让学生在正确的价值观、道德观的指引下,学好习,做好人,这也是我们老师在教学中要思考的

---

① 中华人民共和国教育部. 义务教育课程方案(2022 年版)[S]. 北京:北京师范大学出版社,2022:2.

问题。老师先要具备积极向上的科学育人的态度,然后再用行动和思想去影响学生,在数学课当中做好一朵云推动另一朵云。

## 二、为什么数学课堂要突出育德

在小学的数学课堂上有时存在着重视知识传授、轻视价值引领和学科育人的现象,因此我们要转变这一观念。我们每一位教育工作者同时也是一名德育工作者,我们承担着教书和育人这两方面的责任,缺一不可。

### (一)数学课堂要加强学生的世界观、人生观、价值观的教育

数学是一门历史悠久的学科,它是从古至今,国内国外许许多多从事数学教育的人克服了重重困难,不断进行探索,才形成的学科。数学学科的历史,类似于我们人类的发展史,源远流长。因此,在数学课堂的教学中,我们要时时刻刻关注课堂教学内容,紧扣我国数学发展的历史,在教学时向学生讲述这些数学小故事,让学生认识更多的中国古代数学家。再通过介绍我国的数学成就,增强学生的爱国情感和民族自豪感,增强民族自信心。这样的数学课堂会培养出学生积极向上、刻苦钻研的意志,真正达到为国育人的目的。由此,社会会涌现出更多的人才为国献力,我们的民族就会不断发展进步。数学学科是一门兼容的学科,它集科学性、系统性、完整性于一体。在学习的过程中需要一种持之以恒、积极向上的精神。我们知道,许许多多的数学家在探究数学的过程中都具备一种不怕吃苦的精神,只有刻苦钻研,才能获得启迪,进而有所成就,他们都在探索的过程中为我国的数学发展做出了突出的贡献!

### (二)数学课堂的教与学活动是全程育人、全方位育人的最佳时机

现代社会的人才需要的是合作竞争的意识,因此老师要有全新的育人观。课堂上学生是主体,要积极地思考问题,小组合作交流探讨,勇于发表自己的见解,学会合作学习。在数学课堂上,老师可以对学生进行德育教育,例如有一些数学定律学生们不容易理解,这时可以采用小组合作交流探讨的方式,让学生真正开动脑筋进行思考,让学生自己去发现数学规律。从小组合作交流学习中,学生能够进一步感受到合作的重要性,在探讨中能够实现合作共赢,进而在数学学习中获得自豪感,更加愿意参与到数学课堂中来。

### （三）数学课堂有利于学生自我约束力的提高、良好习惯的养成和科学精神的启蒙

牛顿曾经说过："在数学中，最微小的误差也不能忽略。"数学学科结构严谨，对精准度要求高，注重逻辑性，系统性很强。课堂教学中应注重科学意识、科学方法、科学态度和科学精神的培养，研究的问题应有价值，研究的过程应清晰有逻辑，促使学生勇于探索、全身心投入，促进学生学习品质的提升、学习习惯的养成。同时，通过对数学信息的有效收集、分析，提出有价值的、有梯度的（易中难不同层次）问题，学生在解决问题的过程中，可提高关注度和自我约束力，形成良好的学习习惯。

## 三、育德课堂的教学实施策略

### （一）挖掘数学教材中的育人素材，让"育德"与课程内容紧密结合

义务教育课程内容遵循"育人为本"的教育理念。现行人教版小学数学教材无论是例题还是习题的课程设置，都呈现了知识、技能的学习过程，同时关注了学生道德质量的养成，蕴含了育人因素。例如，在一年级上册"8 和 9"的教学内容中，出现热爱自然、保护环境的教育，练习十第 6 题出现劳动教育。利用这些素材将德育教育与课程内容紧密关联起来，让教师在教学中扎实落实"育德"目标。

1.利用教材中的插图。有反映我国古代数学家对数学研究做出贡献的，如：数学家刘徽的头像、古代刻有算法口诀的"竹木简"；有反映我国古代劳动人民智慧的，如：北京西郊大钟寺的一口钟、刻漏；有反映我国现代化建设的，如：南京长江大桥、北京天安门广场等。这些插图都具有直观、形象的特点，便于学生理解，达到了德育的效果。

2.阅读教材中的史料。教材中的"你知道吗？"其中多为关于数学的历史知识，记录了我国古代数学方面的杰出成就。在大约 2000 年前，我国的数学著作《九章算术》中就讲述了如何去计算平面图形面积的方法。在 2000 多年前，我们就能够利用数学知识来计算出土地的面积。中国最早提出了小数的概念，在 2000 多年前古代人民在计数时就使用了算筹。如：祖冲之为了求得较精确的圆

周率,他先算出正六边形的边长,然后将边数一倍倍地增加,最后得出的圆周率精确到小数点后七位,比欧洲数学家得出同样的结果早 1000 多年,这在当时落后的研究条件下,的确是难能可贵的。

3.灵活运用数据。学会运用教材中能够反映出物质文明和精神文明的数据,如:计算长江长度,感叹祖国的河山是多么壮丽;又如讲解我国山区占全国总面积 69% 时,向学生介绍我国各种地形交错分布,景象万千,适宜农、林、牧多样发展,要求学生运用所学的知识计算平原、盆地、河流所占全国总面积的百分比。丰富的数据能让学生们了解祖国的大好河山,从而增加爱国之情,激发学生在学习上奋发拼搏的精神。

### (二)开发教学情境中的育人因素,让"育德"与情境教学相互依托

老师除了对教材中的育人素材有效利用外,还应积极拓宽研究领域,挖掘更多的育人因素。例如,2017 年 11 月在中国教育学会第十三届小学数学教学改革观摩交流展示培训活动中,哈尔滨市清滨小学校张仰勇老师在执教四年级上册"路程、时间与速度"一课时,设计了"高速公路限速牌""台风速度"等教学内容,让学生感受速度与生活实际、自然现象、科学知识紧密联系,懂得安全驾驶是一种社会责任,感受国家防灾救援体系的健全,从而产生对国家的认同感。在随后的练习中,张仰勇老师设计了蒸汽机车—内燃机车—电力机车—复兴号的速度变化,在选取速度模型的同时,体验中国轨道交通的发展历程,感受祖国的强大,培养学生的民族自豪感。在课程的最后,将"铁路提速"与国家在各领域高速发展的成就有所关联,从而对学生进行思政教育。这样的数学课,学生既学到了数学知识,又感受到了国家的高速发展,提升了学生的家国情怀和社会责任感。

### (三)挖掘学科本质,潜移默化进行学科教育

数学在日常生活中随处可见,从宇宙科学,到街头巷尾,处处都存在着数学知识。可以说,数学关系遍及人们生活的每一个领域。在小学的数学课堂中,老师应该结合学生的实际情况,关注学生的接受程度,按照学生的年龄去设计教学,从而使学生在学习中体会数学的重要性,激发学生学习数学的动力,主动积极地参与到课堂中来。例如:在低年级的数学课堂中,可以根据生活中人民

币的使用情况,来强调正确运用加减法的重要性。在高年级的数学课堂中,可以根据乘除法的含义,来说明实际生活中是如何运用数学知识的。学生通过生活中的观察发现,比如从电视、报纸、书籍、杂志中,看到数学学科的应用,亲身感受到学习数学的重要性,从而愿意学习数学。

在课堂教学中,老师应该结合小学数学的相关知识,让学生在学习中感受辩证唯物主义,给学生渗透辩证唯物主义的思想。数学学科是自然学科中十分重要的一门学科,数学与自然辩证法是紧密联系、相互促进的,数学中包含着丰富的辩证法。学生学习数学,能够明白辩证唯物主义的世界观、人生观。在小学阶段的数学学习中,对学生进行唯物主义教育是十分必要的,对学生的成长起着至关重要的作用。在数学课堂中,老师讲授数学中的定理、概念、公式的推导和应用等,都让学生从中感受到数学课本中的知识其实是来自于客观生活的、从实际生活中抽象出来的。对于小学生来说,讲授理论知识也许看起来有一些深奥,但是老师通过课堂的讲授,可以让小学生明白简单的唯物主义知识。数学中的公式推导、相互之间的换算,能让学生懂得事物之间相互转化的关系。例如:我们能够运用长方体的体积来推导出圆柱的体积,也可以用两个相同三角形来计算出长方形的面积。依据数学知识之间的转化、知识之间的推导,学生就能够理解事物间的对立统一和事物间的相互转化。

在小学数学的教学过程中,对学生进行思想教育,能够提升学生的道德质量,促进学生心理的健康发展。

## (四)结合四大课程内容的教学实现育人

教材,广义上是指老师和学生在教学和学习中使用的所有材料的总称,包括课本、辅导资料、教学实物等;狭义上是指教科书,即课本,课本是学习过程中的核心资料。小学数学课本在安排上大致分为四大课程内容:"数与代数"领域、"图形与几何"领域、"统计与概率"领域、"综合与实践"领域。

### 1. 在"数与代数"领域教学中育人

小学数学"数与代数"知识领域中,主要包括数的认识、数的运算、式与方程、量与计量等课程内容,通过数感、符号意识、运算能力、推理能力、应用创新意识的培养发展学生数学学科核心素养。例如,在数的认识教学中,可以将丰富的生活情境、背景和国家的自然状况、生产成果、巨大成就等具有丰富内涵的数据作为教学的载体,从而增强学生对我国社会主义建设的自豪感和责任感,提高学生的国家认同感和自信心。小学的数学教材内容上十分丰富,老师在课堂教学时,一定要认真备好课,用心思考书本中渗透的德育内容。例如,怎样去真育人、育好人? 掌握好时机对学生进行德育教育,发挥数学学科的育人功能。例如:有一些班级常常出现人走不关灯的现象,这样就浪费了许多宝贵的能源。老师在讲五年级上册"小数乘法"的知识时,就可以在课堂上说一说这种现象。一盏灯开灯一小时将消耗 0.2 千瓦时的电能,如果人走不关灯,电灯从放学后到第二天开学大约点亮 14 个小时,电费为每千瓦时 0.56 元,这一段时间要浪费多少钱? 通过这个题目,可以进一步训练学生计算小数乘法的能力,还可以告诉学生要养成节约能源的好习惯。

### 2. 在"图形与几何"领域教学中育人

"图形与几何"是小学数学的重要组成部分,深入挖掘图形测量教学的育人价值,可以将抽象复杂的几何概念具体化、形象化。通过将小学各个年级有关图形测量的知识进行整合,可以让知识更加系统化,这样,学生就更容易理解,进而懂得如何更好地运用知识。

在计算圆柱和圆锥体积时,学生能够感受到事物之间的联系和变化,从而培养学生探究实践的能力和意识,以及发展科学精神。在"图形与几何"领域教学中,可以将生活与数学紧密关联,让学生感受"图形与几何"领域与现实社会和社会发展的密切关系,体现数学教学的价值。

### 3. 在"统计与概率"领域教学中育人

"统计与概率"是小学数学教学知识的四大领域之一,在小学教学中有着不可替代的意义和作用,因此,我们要关注它的德育功能和育人价值。数据的收集、整理和分析多存在于现实生活,在学习过程、实践过程中充分地利用这些数据对学生进行有益的教育,会使课堂教学更加富有生命力和内涵。例如:学校要发放校服,班级中的校服号码需要大号、中号、小号的校服各多少套?

首先引导学生经历这样一个思维过程:(1)大号、中号、小号的校服各自对应的身高是多少? (2)班里每个同学的身高是多少? (3)身高在各对应范围内的同学人数是多少? (4)如何统计全班同学的身高? (5)如何又快又准地处理统计结果?

在做这样的题型时,要考虑选择合适的方法去收集、分析、处理数据。根据学生已掌握的知识,可以选用制作统计表、条形图或饼状图等方式。

学习"统计与概率",我们的头脑会变得更加聪明。学生对于"统计与概率"这一数学知识是十分好奇的,会想去探索其中的奥秘。"统计与概率"在学习和生活中扮演着十分重要的角色,要充分认识概率统计课程的教育价值,要合理地、充分地发挥它的德育教化功能,从而进一步提升学生的综合素质。

### 4.在"综合与实践"领域教学中育人

小学数学课堂中的"综合与实践"活动是教学中十分重要的内容。在这一课程内容中,老师要充分发挥学生的主动性、调动学生的积极性。同时,老师也要在活动中发挥学生自主探索、小组合作的作用,让学生在合作交流中碰撞思想,找到解决问题的途径、策略和方法。例如,四年级上册"数学广角"中的推理内容"田忌赛马",通过推理,田忌合理地安排了赛马的顺序,最终赢了齐王。在解决问题中选择最佳策略,是解决问题的关键。不仅在竞技活动中我们要进行推理,而且在生活当中也蕴含了很多的推理内容。在学习这一课之后,要让学生将这种推理应用到现实生活中,解决现实生活中的相关问题。学生在这样的课堂中能够学到很多新知识,同时也凸显出数学的应用价值。因此,作为教师,必须提高对数学学科教学的重视程度,这样有利于提升学生的能力,进而提高他们的综合素质。

## (五)把握课堂教学中的育人时机,让"育德"与知识学习彼此融合

在数学的课堂教学中,老师要有一双善于观察的、充满智慧的眼睛,拥有敏捷的思维能力和良好的课堂教育方法。善于利用教材中的材料,抓住时机对学生进行品德教育。在课堂教学中,结合学生的实际接受能力,一点一滴、逐步渗透,注重反复地对学生进行讲解与训练。让课堂知识潜移默化地影响学生,让老师真正地走进学生。通过课堂品德教育的渗透,学生能够形成良好的道德质量,课堂教学也会达到润物无声的效果。

在小学数学教育教学中,对挖掘育人素材、开发育人情境、把握育人时机的研究和实践,促进了学生道德质量的提升。数学课堂中的德育学习和思想品德课中的德育是不同的,数学课堂中的德育需要与所学的数学知识相结合,在数学学习中提升道德质量。德育教育切忌生搬硬套、牵强附会,应是自然而然地渗透,力求做到有意、有序、有机、有情、有理。

同时,老师要针对课堂教学的内容,结合学生的认知规律,充分考虑学生的心理发展状态,在数学课堂的德育中做到科学、明确。在评价教师的课堂教学质量时,要随时关注德育目标的落实情况。德育目标要作为观课、议课的评价点之一,促使教师把德育目标的落实放在重要的位置,这样我们所期待的德育目标和人文情怀就会在学生的心中滋长。

例如,哈尔滨市铁岭小学校郭建波老师在执教五年级上册"三角形面积"一课时,是在学习平行四边形面积计算的基础上进行教学的。根据课程新理念让学生自主学习,老师做适当的指导,是小学数学育人课堂的充分体现。

该节课设计了生活中常见的警示标志。郭建波老师创设了交警叔叔在学校门前安装警示牌的这一情境来引发学生兴趣,引导学生发现问题、思考问题,培养学生的合作精神。老师以介绍不同图形的警示标志扩展学生的认知,让学生感受数学与生活的密切联系,并提出"用转化的思想能不能求出圆形的面积"的问题,从而引发学生思考,让学生带着问题来到课堂,又带着新的问题走出课堂。从生活中有序的交通秩序到各种指示牌的特殊含义,教育每一名学生做守规则的新时代好少年,培养学生良好的道德观。在练习环节设计了求红领巾的面积一题,既巩固了重点知识,又进行了德育教育。在学生动手操作之后插入视频微课,介绍我国古代与三角形面积相关的学科史,这部分引入的数学文化让学生感受到我国古代人的聪明智慧,进而激发学生的民族荣誉感。在教学的最后,展示了扩展学生思维的探究题。利用信息技术 2.0 中的几何画板技术探究同底等高三角形面积之间的关系。在计算机的帮助下,引导学生观察两个三角形的变与不变,拓展学生的思维,建构三角形面积的整体知识体系,体会三角形的面积由底和高的数据所决定。

总之,在教学的设计与实施中,只有形成一个完整的育人过程,才能形成以知识为载体、价值引领为导向、思维培养为核心、信息技术与学科教学深度融合的"四位一体"育人课堂。

## 第二节　性格、品格、习惯的培养

在小学数学课堂教学中,对学生性格、品格、习惯的培养具有非常重要的意义。小学阶段是学生性格、品格、行为习惯、道德情操形成的关键时期,在全方位育人的理念下,课堂教学又是育人的主阵地,因此在小学数学课堂教学中,加强对这方面的引导和教育显得尤为重要。性格、品格和习惯的培养是一个循序渐进的过程,要在长期的教学实践中掌握规律、寻求方法,才能收到良好的效果。良好的品格体现为专注力、持久力、对待事物积极的态度、认真负责、善始善终、善于规划和总结等。《义务教育数学课程标准(2022 年版)》中将养成良好的学习习惯作为课程的总目标。为此,我们将使学生逐步养成用定量的方法认识和解决问题的习惯,养成讲道理、有条理的思维习惯,养成用数据说话、理论联系实际的习惯,从而为学生的终身发展奠基。

## 一、性格、品格、习惯培养的意义

培养学生良好的学习习惯,需要教师给学生做好榜样,起到示范作用。教师如何起到示范作用呢？首先要在自己的言行中做到示范,用自身的一举一动来做好示范,感染学生,其次要在课堂中用自己严谨的工作态度来影响学生。教师上课时的着装要朴素大方,态度耐心和善,讲话清楚明白,对学生充满爱心和信心,板书书写工整、干净,为学生做好表率。对班级中所有的孩子要一视同仁,关爱每一名学生,用自己的师德、师爱来感染学生,让学生在一点一滴中感受到教师的模范示范作用,从而提高自身的综合素养。教师要善于发现学生的优点,及时进行表扬,尤其对表现突出的学生要及时表扬,用学生的实际表现来鼓励其他学生。例如,老师对于一些学习认真努力、上课专心听讲、积极动脑思考、举手回答问题、书写工整端正的学生要及时表扬,在班级中树立榜样,起到带头的作用。教师在授课时,要根据班级学生的学习特点来确定教学目标,并对其提出不同的要求。例如,课堂上,学生要根据教师的讲授做好笔记,课下对其进行梳理。计算应用题时,可以借助线段分析题意,理解数量之间的关系,积极思考解决方法,完成后进行检查。所以,师生的示范,或者是教师提出的课堂要求,都是为了培养学生良好的学习习惯,培养学生认真刻苦的学习态度,培养学生独立思考、克服困难的能力。

## 二、性格、品格、习惯培养的策略

立德"数"人,让核心素养落地生根。"不忘立德树人初心,牢记为党育人、为国育才使命"①,这是习近平总书记在第 36 个教师节向全国广大教师和教育工作者提出的重要指示。

因此,在当代教育"立德树人"的核心任务下,在全体教育工作者奋勇探索"如何扎实落实学生核心素养"的浪潮中,针对小学数学课堂如何培养学生的思想品德有着突出的地位。数学作为我国教育基础学科,不仅蕴含着丰富的数理知识,而且在学生的德育教育中也占据着重要地位。进行数学教学时,教师要对学生进行各方面的指导。比如,在培养学生理性精神的同时,还要致力于培育学生良好的思想品行,培养学生良好的学习习惯。那么要想做到这一点,就需要每一位教师充分挖掘并利用小学数学教学中的德育元素,将学科教学与学科育人有机结合,采取多种策略,巧妙利用教材资源,在多种有意义、有智趣的活动中培养学生的优秀品格,使之形成良好的学习习惯,让数学学科育人落地生根。

**1. 充分渗透,培养数感意识习惯**

《义务教育数学课程标准(2022 年版)》提出:"数感是形成抽象能力的经验基础。建立数感有助于理解数的意义和数量关系,初步感受数学表达的简洁与精确,增强好奇心,培养学习数学的兴趣。"②数感意识的主要表现在于:"能够在真实情境中理解数的意义,能用数表示物体的个数或事物的顺序;能在简单的真实情境中进行合理估算,作出合理判断;能初步体会并表达事物蕴含的简单数量规律。"

**2. 循循善诱,培养逻辑推理习惯**

推理是数学的基本思维方式,是人们在学习和生活中经常使用的思维方式,也是学生认识客观世界、分析客观事物和解决实际问题的重要能力。所以,养成推理的习惯,有利于学生能够客观、科学地分析、判断,从而做出正确的选择。

培养学生逻辑推理能力不仅是培养学生缜密思维的过程,同时也是去伪存真、引导学生对事件的是非标准做出判断的过程。在寻找真相的过程中,循循

---

① 习近平:不忘立德树人初心 牢记为党育人为国育才使命[EB/OL]. (2020 – 09 – 10)[2021 – 05 – 01]. http://www.xinhuanet.com/mrdx/2020 – 09/10/c_139357749.htm.

② 中华人民共和国教育部. 义务教育数学课程标准(2022 年版)[S]. 北京:北京师范大学出版社,2022:7.

善诱,激发学生对真理的向往与探索的兴趣。

### 3. 以生为本,培养正确运算习惯

运算是小学数学教学中最传统的内容之一,是学生在数学学科的学习中需要掌握的最基本的技能。因此,运算能力备受重视,运算练习成为大家关注的练习题型之一。正确的运算习惯不应该仅仅注重运算结果,更要关注运算过程,所以养成良好的正确运算习惯不仅能让学生具备准确计算的能力,还能够提升学生做事时的效率和质量。

### 4. 情景交融,培养数据分析习惯

培养数据分析习惯是学生数学核心素养的重要组成部分。统计学科的应用性质决定了它的内容与现实生活有着密切的联系。学生可以通过统计过程,感受其现实意义和应用价值。儿童的认知特点决定了只有通过亲身经历的活动体验,才能入脑、入心,形成观念。所以,培养数据分析习惯直接影响学生对生活的态度,对自己品行与道德的提升。

### 5. 深度训练,培养倾听表达习惯

在数学课堂上的认真思考,其实都是我们自己对于数学的独特思考。而我们期待的对话课堂,一定是建立在学生善于倾听并能够大胆表达的基础上。那么作为教师,怎样在数学课堂上引导学生倾听、大胆表达,赋予教育以生命的活力呢? 我认为可以从以下几个方面进行尝试:

(1)明确目标,"听"和"说"同等重要

学生表现欲很强,很多时候没有听完他人的发言就抢着要回答了。教师要给学生明确目标,首先要告诉他们认真倾听是对他人最起码的尊重,教师喜欢大胆发言的同学,同样喜欢善于倾听的同学。其次是抓住契机,让学生意识到,只有认真倾听才会发现更多的问题,才能有更精彩的表达。课堂上,应经常引导学生:"请同学们在听的时候,思考发言的同学说得怎么样,你还有补充吗?或者你还有更好的建议吗?"

(2)积极评价,鼓励倾听、表达

在培养倾听和表达的路上,赞扬和鼓励是必不可少的。学生们只有在课堂上品尝到了成功的喜悦,获得了成就感和满足感时,他才能更加善于倾听、乐于表达。比如,可以说:"你真是一个善于倾听的孩子,怪不得表达这样出色!""你

最会尊重别人了,当同学发言时,你的眼睛都会放光!""你可真了不起,这么一点儿小小的错误都被你听出来了!""你太棒了,不但听懂了别人的想法,还能加入自己的理解。"课堂上我们的一个眼神、一个动作、一句表扬、一个微笑,就会在学生们的心里漾起波澜。只要我们善于发现,捕捉每个学生的闪光点,用积极赞美的话语鼓励他们,就会使他们越来越乐意倾听、乐意表达。

(3)矫正方法,学会倾听、表达

我们经常会发现,一节课过半,很多学生会感到疲劳,开始溜号,做与学习无关的事。那么这个时候,我们可采用"暗示"的方法,矫正学生不良的学习习惯,帮助他们回到课堂中来。比如,我们可以把目光聚焦在不专心听课的学生身上,使他意识到自己的问题;可以采用手势语言进行暗示,抑或是走到这个学生的身边,鞭策其调整状态注意倾听。只有会听了,听明白了,才能进一步去表达。

"感人心者,莫先乎情"。数学教学过程中的德育教育,便是教师通过对教学内容与自身对生活的感悟和思考相联结,用学生最能够接受的知识传授形式、教育教学方式去感染和影响学生,获得情感交流,完成德育教育。总而言之,教师在培养学生核心素养的目标指导下,在数学课堂中以德育人,培养学生良好的学习习惯,促进学生品行、性格的提升。在数学课堂中充分融合品德教育的内容,让思想教育在教学中真正实施,这样学生在数学课堂中不仅学习到了知识,还得到了思想品德的提升,提高了综合能力,形成了好的学习习惯,拥有了良好的道德品质。

### 6. 静待花开的教育智慧,促进学生思考和反思习惯的形成

在数学课堂上,我们常常会遇到各种预料不到的状况,如果我们多一些耐心和等待,往往会收获意外的惊喜。哈尔滨市花园小学柴妍老师的案例能够让我们感受到静待花开的教育智慧。

在黑龙江省名师工作室观摩展示课上,在学生遇到学习困境时,柴妍老师用了近3分钟的漫长等待让所有听课老师都捏了一把汗,最终换来了学生的拨云见日,柳暗花明,让生本课堂思想真正落地。黑龙江教师发展学院高枝国主任曾高度评价说,这才是立德树人根本任务的真正体现。如果老师对待学生都宽容、有爱,给予学生最安全的课堂环境和心理环境,这比老师为了育德而育德要好得多。

教育的首要任务是育德，其次才是育才。在课堂中关注学生的具体特点，把握学生接受知识的能力，对学生一点一滴进行思想品德的渗透，学生在耳濡目染中将提高自身的道德质量。逐步提高渗透的自觉性，把握渗透的可行性，注重渗透的反复性，最终积淀成良好的质量，达到"润物无声"的最佳效果。

## 第三节　悉心浸润文化　感悟人文积淀

在面向未来的小学数学育人课堂中，将价值引领、习惯培养、构建人文课堂作为重要的内容，我们就要用数学文化来浸润我们的课堂，使课堂具有人文积淀、人文情怀和审美情趣。我们只有明晰数学文化的内容和实施策略，才能使我们的课堂丰富生动起来。

数学的人文内涵是十分丰富的。数学并不是表面上所呈现出的没有任何感情色彩的符号游戏，其抽象理论的背后蕴含着丰富的人文内涵。数学家克莱因认为："数学是人类最高超的智力成就，也是人类心灵最独特的创作。"这也说明了数学学科的重要价值。《义务教育数学课程标准（2022年版）》提出，用数学的眼光观察现实世界，了解中华优秀传统文化的历史渊源、发展脉络、精神内涵及人文景观和地理地貌，增强文化自觉和文化自信，养成热爱劳动、自主自立、意志坚强的生活态度是数学育人价值的体现。[1] 从中可看出新课程理念体现了数学教育中所蕴含的人文精神。它强调除了要关注学生的数学学习水平外，更要关注学生在数学活动中所表现出来的情感与态度。

现代教育应是科学教育与人文教育形成一体的教育。科学知识与人文精神密切关联，缺一不可。数学是人类重要的文化形式之一，它的内容、思想和语言是现代文明的重要组成部分。如果说数学教学的科学性是刚性，那么人文性则可谓是柔性，这体现为教学中对数学魅力的感受、对数学表达的体验、对数学思维的惊叹。教师要加强研究数学学科的教育功能，坚持不懈地渗透和体现数学学科的育人价值。利用好教材中的显性资源，挖掘隐性资源，开发身边资源，努力丰富数学教学中的育人资源。

教师必须透过数学的逻辑性和科学性挖掘其中的人文内涵和情感色彩。

---

[1]　中华人民共和国教育部. 义务教育数学课程标准（2022年版）[S]. 北京:北京师范大学出版社,2022:172.

在教学活动中,注意人文精神的弘扬,用数学去开阔学生的视野、完善学生的人格、启迪学生的心智,使学生在学习数学知识、形成数学能力的同时,养成正确的思想观念,实现人文精神和人文素养的终极目标。

## 一、什么是数学文化

数学文化是指在数学课堂中将数学史、数学家的故事、数学成就与传统文化相融合,与多学科领域相整合,从而发挥数学课堂的育人功能。例如,哈尔滨市虹桥第一小学校孙迎新老师在执教三年级下册"两位数乘两位数的笔算乘法"一课时,在课前引用了老子《道德经》中的一句话:"道生一,一生二,二生三,三生万物。"在学生说完自己的理解之后,孙迎新老师说:"这段话,不仅告诉了我们'数'是如何发展起来的,还告诉了我们一个道理:世间的所有事物,都是从源头一点一滴发生和发展起来的,当我们回望这些事物的时候,都有根有据。"孙迎新老师的这节数学课中融合了道家的哲学思想,并且十分恰当地和这节课的教学内容结合起来,力求对学生人文积淀、审美情趣等的发展有所启迪。这样的课堂,使得学生在数学课中增加了探求知识的渴望,提高了自身的人文素养。这样的课堂就是充满人文积淀、人文情怀的数学课,是有理性思维、有科学精神的数学课。这样的课堂,不仅渗透了人文底蕴、人文关怀、审美情趣,而且还能够引发思考、发展思维,让学生乐学、善学,为孩子一生奠定坚实的基础。

## 二、数学文化的运用策略

### 1. 在数学课堂中注重渗透数学文化魅力

孙迎新老师在执教五年级上册"用字母表示数"一课时,用《代数学》卷首语"代数之法,无论何数,皆可以任何记号代之",引出新课。然后追问:知道它的意思吗? 代数,就是运用文字符号来代表数字的一种数学方法。今天我们就正式开启代数领域的学习——用字母表示数。看到这个课题,你有什么想问的? 生:为什么要用字母表示数? 字母可以表示哪些数? 怎样用字母表示数? 师:同学们很善于思考。同学们带着这些问题进行学习,这节课的学习就更加有方向,目标也更明确。本节课,我们就围绕以上几个问题来进行学习和研究。

这一环节的设计,其一,丰富了学生的数学涵养,感受到数学文化的博大精深;其二,对开启代数领域的学习,有种神圣的仪式感;其三,提供与古圣先贤的伟大成果对话交流的契机,感受人文思想中所蕴含的道理和方法;其四,体会代数作用之大,从而对学习本节课——用字母表示数,充满兴趣与好奇。

**2. 在数学课堂中注重丰富数学文化涵养**

孙迎新老师在执教三年级下册"两位数乘两位数的笔算乘法"一课时引用了一句话——"凡精于计算者,必深谙其形与神",并以此来贯穿全课。

形——过程和方法(怎样算?),其核心指向算法的探究;神——意义和道理(为什么这样算?),其核心指向算理的理解。整节数学课,无时无刻不在提醒学生,只有做到理清法明,才算做到了形神兼备,才是真正学会了两位数乘两位数的笔算,才算得上是一个真正精于计算的人。

这一环节的设计,目的显而易见,就是打破常规、顺水推舟式的教学模式,以核心思想统领核心问题,牵一发动全身,明晰关键,一以贯之。我们也欣喜地看到,学生们的学习热情被充分地激发出来。主动学、主动问、主动尝试、主动改错、主动寻求帮助……这何尝不是数学文化的魅力和力量所在?

**3. 在数学课堂中注重激发爱国主义情怀**

例如,哈尔滨市公园小学校张杨老师在执教一年级下册"认识人民币"一课时,适时介绍不同币值的钱币上有着我国壮丽山河的风景画。1元:背面是三潭印月,是杭州西湖十大美景之一。5元:背面是五岳之首泰山,有中华名山之称,是古代帝王祭祀天地的地方。10元:背面是长江三峡的西大门瞿塘关,是三峡中最短,最为雄伟险峻的地方。高低起伏的峡谷,长江水自西向东流淌着。20元:背面是桂林山水,山环绕着水,水映衬着山,多美的景色。50元:背面是西藏的布达拉宫,建筑庞大,雄踞在山坡上。100元:背面是我国雄伟的人民大会堂,在这里召开许多重要的会议。可以介绍我国是多民族国家。人民币上不仅有汉文,还有蒙古文、藏文、维吾尔文、壮文,其代表的意思都是中国人民银行(人民币的发行机构)。还可以介绍我国古代的钱币。

在哈尔滨市铁岭小学校汲森老师执教一年级上册"认识钟表"时,她加入了对古代记录时间方式的介绍。钟表是现代生活中常用的时间工具,为人们的生活提供了极大的方便。那么在古代,人们是如何看时间的呢?远古时期,人们记录时间主要靠公鸡和太阳。大约春秋时期,人们发明了圭表。在地上垂直立一根杆子,通过杆子影子长短的变化来判断时间。汉朝时期,发明了更加方便的漏刻计时。古人的智慧值得我们学习。

### 4. 在数学课堂中巧用学科故事浸染

利用数学故事,可以丰富数学教学方法、活跃课堂氛围、增加学习兴趣,从而保证教学效果。讲好学科故事,就是要用学科故事支撑学生成长。哈尔滨市教育局局长王长文曾经提出:教师要讲好学科背后的故事。教师不仅要把知识点讲清楚,把知识间的逻辑关系讲清楚,还要把知识点、知识发展背后的故事讲清楚,把知识的历史演变讲清楚。我们说要探究学科背后的故事,关注到学科育人的价值,都是为了学生的终身发展,引导学生"热爱""求真",把握学科核心素养,充分发挥学科对学生发展的根本价值。

哈尔滨市铁岭小学校汲淼老师在执教一年级上册"认识图形(一)"时,深入挖掘学科背后的故事,介绍了七巧板的由来。七巧板是我国民间流传的一种拼图游戏,它的演变历史,可以追溯到我国先秦的古籍《周髀算经》,这是我国最古老的天文学和数学著作。七巧板具体形成的时间相传是宋代,有个叫黄伯思的人,发明了一种用六张小桌子组成的宴几,可以根据吃饭人数的不同,把桌子拼成不同的形状(如图 2−2)。后来,有人把宴几缩小成七块板,用它拼图,演变成一种智力玩具,人们叫它七巧板。到了明末清初,皇宫中的人在庆贺节日和进行娱乐时经常用到它,将它拼成了文字或是各种各样的图形(如图 2−3)。

18 世纪,七巧板传到国外,外国人感到特别有趣,因此爱不释手。今天,在世界上几乎没有人不知道七巧板,用一副七巧板可以拼出许许多多的不同的图形,目前有记载的图形数目已经超过 1000 个。

图 2−2

图 2−3

教无定法,实践出真知,在大量的课堂教学实践基础上,一定会有更多具有育人价值的学科故事被发现、被挖掘。数学文化的挖掘将成为点燃学生热爱学科、热爱学习的"燎原之火"的火种,为课堂教学改革注入一股清流,成为育人课堂的根基。

## 第四节　凸显人文关怀　提升审美情趣

### 一、在课堂中渗透人文关怀的意义

我们要落实立德树人的根本任务,就要坚持学科育人。数学不仅具有独特的文化价值,也蕴含丰富的育人价值。数学的育人价值集中体现在帮助学生形成数学素养上,即让学生通过学科学习逐步形成正确的价值观念、必备品格和关键能力。

数学教育带给学生的,不仅仅是知识的传授和思维训练的拓展,还应该有对学生心理和人格的浸润和教育。对于小学阶段的学生来说,大脑正处在迅速发展时期,数学思维能力的发展呈现明显的阶段性。作为小学数学老师,不仅要启发学生思维的发展,还要在数学课堂中给予学生人文关怀。

### 二、在课堂中渗透人文关怀的实施策略

#### (一)寓人文关怀于情趣——创设和谐的学习氛围

一个人要想发展,外部因素能够起到推动发展的作用。因此,建立起和谐民主、平等友善的师生关系,创设和谐、宽松的课堂氛围,是学生主动探究的前提条件,这样的学习氛围有助于学生独立思考、自主探索、发表独立见解。对于小学阶段的学生,在刚上课时往往不能很快进入状态,这时就需要创设浓厚的学习氛围,可以在上课前通过一些小游戏来吸引他们的注意力,从而引导学生乐学、善学。

教学实践中,我们还可以以内容为载体,情境生趣;以思维为线索,问题激趣;以活动为中心,过程护趣;以练习为巩固,应用延趣。也就是说,寓人文关怀于学生探究数学的情趣活动中,可让学生在学习过程中兴味盎然,使学生真正投入到学习中。

### （二）寓人文关怀于思辨——培养合作学习和探究精神

数学学习是一个不断探索、发现、研究的过程。在课堂中进行小组合作学习就是在相对枯燥的数学课堂给予学生人文关怀，为学生的探索创造良好的环境和空间。教师要钻研教材，对教材有透彻的理解，将书中的内容变为活动的情景，让学生自己去思考解决问题的过程。学生积极思考、勇于探索，真正成为课堂的主体，而不是被动地去听教师的讲解，这样，学生在交流探索中才能领悟知识的真谛。

在小学数学的教学中，计算教学是比较枯燥的，但是运算能力又是数学核心素养之一，是学生学好数学知识的基础，所以学生一定要先打好运算的基础。比如在执教四年级上册"除数是两位数的除法"一课时，应改变传统枯燥的讲练教学方式。课堂上学生是主体，让学生充分地去思考，表达自己对知识的理解，这样的课堂才是一种真正思考的课堂。在设计上，教师应着重算理、算法的教学，提高学生的运算能力。教师要适时引导学生进行小组合作，启发学生通过摆学具卡片探究 $92 \div 30$ 的算理，引导学生在自主学习中明理（算理）、知法（算法）、启思（思维），寓人文关怀于其中，不仅帮助学生夯实了算理，而且还培养了学生的合作学习和探究精神。

### （三）寓人文关怀于评价——培养多维互动的人文情怀

教师的教与学生的学从某种意义上来讲是一种沟通与合作。在数学课堂中，师生之间、生生之间的交流包含着情感态度的交流，是充满人文关怀的。教师和学生之间是平等的、和谐的、友善的，他们像朋友一样进行交流沟通。在这样的学习氛围中，学生能够愉悦地学习到知识，对教师更加尊敬与钦佩。

### （四）寓人文关怀于拓展——在体验欣赏中提升审美情趣

教师不仅要在课堂上渗透人文关怀，而且也要在课后时间渗透人文关怀。小学生喜欢探究新的事物，他们希望自己是一个探索者，能够依靠自己的探索发现知识进而理解知识的内容。例如教师在讲授完一年级下册"长方形和正方形的认识"、二年级下册"轴对称图形"等课时，可以让学生凭借课堂上学到的知识设计相关图形，然后在班内展览，也可以制成美丽的贺卡送给教师、同学和家长。这样的知识拓展不仅能够巩固数学知识,还能够启发学生进行思考,在探索中激发出创新的火花。

因此,教师应当注意在课后拓展中渗透人文关怀,提升审美情趣,丰富课后拓展的形式和内容,引导学生亲身经历发现问题、提出问题、研究问题、解决问题的过程,从而提升学生的核心素养。

总之,传授有形的知识技能,只是实现无形育人功能的资源与手段。而在小学数学教学中渗透人文关怀,提升审美情趣,有助于我们引领学生用数学的眼睛观察世界,用数学的思维方式思考世界,用数学的价值观解释世界,用数学的语言表达世界,最终达到学科育人,文化育人。

(课例见附录 1 植树问题)

# 第三章
# 引发真正学习 立足课堂之本

让学习真正发生是育人课堂的根本体现。育学,是通过依托教育理论、关注教学内容、借助教学模式、聚焦时代热点等手段,培养学生学习能力的过程。

## 一、学习的内涵

广义的学习是指人在生活过程中,通过获得经验而产生的行为或行为潜能的相对持久的方式。① 这是人类(个体或团队)在认识与实践过程中获取经验和知识、掌握客观规律,使身心获得发展的社会活动。学习的本质是人类个体和人类整体的自我意识与自我超越。

本章所指的学习专指学生的学习,是学生在教师的指导下,通过阅读、听讲、观察、研究、实践等途径而获得知识、技能或认知的过程,进而促进身心全面发展。主要强调以下几点:

学习的主体:学习的主体是人,即学习者,也就是学生是学习的主体。

学习的性质:学习不仅是获取生存必需能力的行为,而且具有个体性行为、社会性行为的双重属性。

学习的内容:学习者通过系统学习获取知识和经验,掌握客观规律来指导自身发展。

学习的目的:学习的最终目的和结果指向性非常明显,就是促进学习者的身心全面发展,不断实现自我意识与自我超越。这不仅是人类学习活动最本质的特征,而且也是激发人类创造力的根本源泉。

---

① 陈广余.向深度进发的中学化学教学[M].上海:上海教育出版社,2020:61.

## 二、关于学习的一些理论流派

### (一)认知学习理论

认知学习理论重点强调学习者的学习是在大脑中完成的对于人类经验重新组织的过程,主张学习模式不应该只是简单地观察学习者被实施刺激以后的反应方式,而应该更加重视学习者自身的建构和对知识的重组,着重强调不同类型的学习有不同类型的建构模式。认知学习理论主张在教学中要加强学习者有意义学习的比重,运用同化与顺应的方法有效地促成学习者知识结构的建立。[①] 20 世纪 60 年代以后,随着认知心理学的诞生,学习理论开始重视研究学习者处理环境刺激的内部过程和机制,用 S—O—R(O 即学习时大脑的加工过程)模式来取代简单的没有大脑参与的 S—R 联结。认知学派的主要代表人物有布鲁纳、奥苏伯尔、加涅、皮亚杰等。

### (二)建构主义学习理论

建构主义是认知心理学派中的一个分支,也可以把它看作是心理活动的框架或组织结构。建构主义理论中的一个重要概念是图式。图式是认知结构的起点和核心,是人类认识事物的基础。建构主义认为,知识不是单纯通过教师的传授得到的,而是学习者在一定的情境(社会文化背景)下,借助教师和学习伙伴的协作活动,利用一些必要的学习资料,通过意义建构的方式而获得。"情境""协作""会话""意义建构"是学习环境中的四大要素。

从建构主义观点出发,学习的质量取决于学习者建构意义的能力,而不是学习者单纯重现教师思维过程的能力。在学习过程中帮助学生建构意义,就是在教师指导下以学习者为中心、以原有知识经验为基础来构建形成一系列的知识结构体系。学习者是认知的主体,教师是意义建构的帮助者、促进者和指导者。由于每个学习个体的原有知识经验有差异,因此在学习过程中他们所构建的知识体系也是不同的。换句话说,获得知识的多少取决于学习者根据自身经验进行信息加工去建构有关知识的意义的能力,与学习者知识构建过程中的主

---

① 陈小梅.大学生心理健康教育[M].厦门:厦门大学出版社,2019:129.

动性、创造性等有关,而不取决于学习者记忆和背诵教师讲授内容的能力。

### (三)人本主义学习理论

人本主义学习理论是课堂学习非常重要的支撑。人本主义是 20 世纪 50 年代末 60 年代初在美国出现的一种重要的教育思潮,主要的代表人物是马斯洛、罗杰斯、凯利等。人本主义学习理论的主要观点是:心理学研究的对象是"健康的人";生长与发展是人的本能;人具有主动地、创造性地做出选择的权利;人的情感体验是非常重要的内容。

## 三、学习课堂的主要内容

面向未来的小学数学育人课堂,十分强调学生的学习,这里的学习是指课堂上在教师的指导下,学生充分发挥自主能动作用,在自主学习、主动探究中不断地积累学习经验,发展学习能力,使之形成知识结构。一切学习都要由外因起作用,而决定因素是内因,因此自主学习、独立思考、主动探究是非常重要的。此外应十分关注学生的合作学习,因为未来社会需要在合作中发展,因此在学习活动中应为学生创造合作学习的机会。在学习活动中,还应强调学生的结构化学习,因为结构化学习能够使学习的知识和能力形成体系。知识的学习是将知识点串联起来形成知识链,再从知识链延伸形成知识网,这样更有助于学生系统化学习,寻找到知识的本质。随着时代的发展、社会的进步,我们面临的知识也越来越丰富,我们要将知识的融合性学习作为新时期学习的重要形式。融合性学习是学生综合能力的体现,是在解决问题中能够丰富学生的知识、提高学生解决问题的能力。融合性学习一般是以生活和学习中的现实问题、热点问题为载体,开展跨学科、跨时空的学习方式,一般包括项目式学习、STEAM 学习和整合探究性学习等。在面向未来的小学数学育人课堂中我们将学习作为核心,从而提出育学这一观点。也就是说,将学习放在首位,将其作为载体,而育德、育思、育术均是在学习过程中实现的。"育学"之路是漫长而有意义的,"育学"之内容也是丰富而精深的(如图 3 – 1),我们将在这条路上持续摸索、踏实前行、努力奋进。

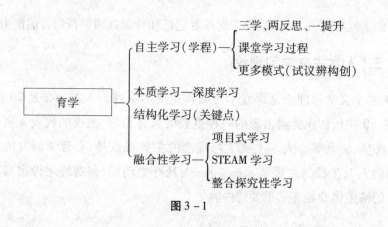

图 3 - 1

# 第一节　优化学习方式　触发自主学习

陶行知先生在《教学合一》中说道："我以为好的先生不是教书,不是教学生,乃是教学生学。教学生学有什么意思呢? 就是把教和学联络起来:一方面要先生负指导的责任,一方面要学生负学习的责任。"先生负指导的责任,是指作为教师,应该对教学内容有自己的深刻理解,对课堂和学生有着高度把握等。学生负学习的责任,是指学生对学习动机、学习内容、学习方法、学习时间、学习过程等方面的认知和实践能力。学生从开始阶段依赖外界传授知识,到认识自己是独立的个体,再到后期能够与人合作,直到最后能够兼顾个人与群体,对知识有自己的理解和认知即达到了自主发展的阶段。而学生想要达到自主发展的阶段,就需要提升自主学习能力。

我国学者庞维国认为,如果学生在学习活动之前自己能够确定学习目标、制订学习计划、做好具体的学习准备,在学习活动中能够对学习进展、学习方法做出自我监控、自我反馈和自我调节,在学习活动中能够对学习结果进行自我检查、自我总结、自我评价和自我补救,那么他的学习就是自主的。

福建师范大学余文森教授认为,自主学习是一个与他主学习相对立的概念,是对学习本质的概括。他主学习就是以教师牵着学的方式进行学习。而自主学习是自己作为学习的主人,尽量自己独立学习,遇到有困难的问题在老师和同学的帮助下再思考,进而解决问题。

北京师范大学肖川教授总结自主学习就是"自我导向、自我激励、自我监控"的学习。具体说就是学习者提出并参与制定对自己有一定可实施性的学习目标,根据自己的实际情况制定学习进度,设计合理的评价体系。学习者应当积极地进行思考和学习,并制定相应的策略,解决问题的同时也促进了自主学习。在学习过程中,学习者要投入一定的情感,发自内心地支持任何学习的过程,从而在学习的过程中得到正向的情感体验。学习者在学习过程中能够认识到自身的情况,设计符合自身实际的认知活动,并做出相对应的调整和改变。

在讨论任何一种类型的学习时,都会涉及学习的一些基本问题。比如:为什么学?怎样学?什么时间学?学到什么程度?从哪里学?和谁一起学?将这些问题归纳起来就是学习的动机、方法、时间、结果和学习环境。自主学习的动机表现为学生能够自己去设定学习目标,对自己的能力进行判断,寻找自我价值感;自主学习的方法表现为学生有意识地、有计划地使用自己特有的学习策略,能够自如地调动这些策略来为自己的学习服务;自主学习的时间表现为学生能够自己规划、管理时间,能够自我约束,以达到最好的学习效果;自主学习的结果表现为学生对自己的学习结果有清醒的意识,对自己的学习效果能进行自我调控、自我判断,并根据学习任务的要求做出相应的调整;自主学习的环境表现为学生对学习情境中的各种信息都能够敏锐捕捉并随机应变。

综上所述,尽管专家对自主学习概念的描述并不一致,但均已揭示出自主学习的本质。即学习主体在学习目标、过程和效果等方面进行自我规划、自我管理、自我调节、自我检测、自我反馈的主动建构过程。

## 一、"自主＋探究式"学习

学习方式,是达到学习效果的重要途径。对于学习者来说,应该选择最适合自己的学习方式。学生是课堂中的主人,要让学生在课堂中真正学习。在《义务教育数学课程标准(2022 年版)》中指出,要不断优化学生的自主学习、主动探究和合作交流的学习方式。由于学生年龄小,知识能力有限,因而在具体操作和实施上必须符合小学生的年龄特点。因此,将自主学习和探究式学习相结合是重要的学习方式。

### (一)"自主＋探究式"学习的内涵

"自主＋探究式"学习是指无教师直接(或少量)参与的学习,即学生自己探究学习,独立获取知识、掌握知识、应用知识和形成技能并获得一定情感体验的过程。

"自主＋探究式"学习能力是学生通过自己学习,独立获取知识、掌握知识、应用知识、形成技能和获得情感体验的能力。

数学"自主＋探究式"学习能力则是以数学思维能力为核心的多方面、多因素的一种综合能力,它主要包括学生独立获取数学知识的能力、掌握数学知识的能力,以及灵活地应用课堂上所学习到的数学知识解决实际问题的能力等。

## (二)"自主＋探究式"学习的内容和意义

"自主学习"是相对于"被动学习"而言的,这种学习状态的学习效率非常高,最大的特点是在课堂上能够以学生为主体,爱护并尊重学生,引导并发挥学生的自主能动性。学生在教师的引导下,能主动积极地参与到学习中来,能根据自己的学习能力和实际情况主动调整自己的学习策略和对待学习的态度,从而完成学习任务。

数学离不开生活,影响着当今社会的经济基础。在小学阶段充分发挥学生的自主能动性,培养学生的自主学习能力是对当下教育的全新要求。《义务教育数学课程标准(2022 年版)》明确指出:"有效的教学活动是学生学和教师教的统一,学生是学习的主体,教师是学习的组织者、引导者与合作者。学生的学习应是一个主动的过程,认真听讲、独立思考、动手实践、自主探索、合作交流等是学习数学的重要方式。"①而很多书本上的数学知识只有学生亲自探究,才能内化为自己的知识,之后经过筛选和对比才能培养学生的"自主＋探究式"学习意识。学生在学习"正方形四条边相等"这一特征时,有的学生用尺子测量四条边的长度后发现正方形的四条边都相等;有的学生用一根绳子与正方形的每一条边去进行比对,然后发现正方形的四条边长度都相等;还有的学生通过观察思考后,先将正方形学具卡片对折,从而发现正方形的对边长度相等,再沿对角线进行对折,进而发现正方形的邻边相等。这些实践操作都可以推断出正方形的四条边都相等的特性。学习数学重在培养学生的应用意识,因此应该在教学过程中重视数学实践活动,使学生将数学与生活和生产实践相联系,意识到现

① 中华人民共和国教育部.义务教育数学课程标准(2022 年版)[S].北京:北京师范大学出版社,2022:3.

实生活中遇到的问题与课堂上的数学问题之间既有联系又有区别,引导学生自己发现问题并去探究解决问题的方法,从而培养学生对周围的事物留心观察的好习惯。用数学的眼光去看世界,用数学的思维去解决问题,主动地将平时所学到的数学知识和现实生活联系在一起,进而提升解决问题的能力,实现数学的价值。

## (三)"自主 + 探究式"学习的主要特征

1. 突出自主性特征。首先,表现在学生学习活动中有独立的主体意识,有非常明晰的学习目标和自觉主动的学习态度,能够在教师的引导、指导下独立地感知教材、学习教材、理解教材,把书本上的数学文化知识转化为自己的精神食粮,并能够运用于实践。其次,学生能够把自己看作是学习对象,对学习活动进行自我调配、自我调节和控制,充分激发自身的潜力,积极主动地和学习伙伴研讨、交流,向教师、同学请教,以达到自己预期的学习目标。

2. 形成独立性特征。学生在学习中充满自信,能够独立发现并尝试解决问题,养成不依赖别人而独立完成学习任务的良好习惯;能够在受到外界因素干扰时不轻易改变和放弃自己的正确观点;能够正确评价自己的学习结果,并适时进行自我调控。

3. 强调能动性特征。首先,表现在学习活动中能够根据社会的要求积极参与教育活动,并以此作为自己今后学习的努力方向和目标。其次,学生能以自身现有的知识经验、认知结构和情感体验去主动地同化外界的教育影响,从而实现主体结构的建构与改造。

4. 倡导主动性特征。让学生对学习有热情、有兴趣,能科学合理地安排好自己的学习活动,主动掌握学习方法和思考方法,并具有个人的学习特色,能用数学的眼光去观察周围事物,能用学到的数学思想和方法去解决简单的实际问题。

5. 发展创造性特征。所谓"创造",是指"首创前所未有的东西"。对学习而言,创造性包括:在学习上能举一反三,灵活运用知识;有丰富的想象力,喜欢探究新方法和解决难题;有发散思维,不轻易相信书本上的结论等。学生乐于并善于发现问题、提出问题,能多方位、多角度地观察和寻求解决思路,思维灵活性强,并具有创新意识。

6. 激发合作性特征。让学生能主动与同伴就感兴趣的问题进行交流，善于倾听和阐述自己的观点和看法，能和组内同伴共同协作，完成学习活动，使不同的人在数学学习中得到不同的发展。

7. 激励开放性特征。教师在教学活动中不要做太多人为的"设定"，教学内容和过程具有开放性，要着眼于培养和发展学生的发散思维、求异思维和批判性思维。提倡学生用具有个性化的策略方式解决问题，允许学生"冒险"和"犯错"，给学生留足个性化发展的空间。

### （四）"自主＋探究式"学习的实施要点

"自主＋探究式"学习要做到：

1. 培养自学意识。学生自己能读得懂的尽量指导学生自己去读、去思考、去领悟其中蕴含的奥秘，最大限度减少学生对教师的依赖，充分发挥学生的自主能动性，以培养学生的自学意识。

2. 培养自主探索精神。学生能自主探索到的新知识、新方法，教师尽量鼓励学生自己去尝试、探索，以利于学生获得学习成就感，激发更浓厚的学习兴趣，从而形成勇于钻研、主动探索的习惯。

3. 培养解决问题的能力。学生自己能分析的题目尽量让学生自己动脑思考、独立分析、尝试解决，以此培养学生发现问题、提出问题、分析问题、解决问题的能力。

4. 激励学生自我总结概括。学习内容中学生能自己归纳概括的知识结构、解题规律等，尽量放手让学生自己去归纳总结，以此培养学生自我总结概括能力。

## 二、"自主＋探究式"学习的实施方法

古人云"学起于思，思源于疑""小疑则小进，大疑则大进"，由此可见学习的源头就是质疑。学生的好奇心和求知欲是最强烈的，常常会问"为什么"。为了解决这些问题，学生会自主思考，主动探索。让学生带着问题去学习，能有效地激发学生探索新知的欲望，从而调动学生自主学习的积极性。在解决问题的欲望驱使下，学生能够主动请教他人或查阅资料。因此，在突出"自主＋探究式"学习的教学过程中，应发挥学生的主体作用，提高数学学习的参与度，引导

学生形成自主学习和自我探索的学习习惯。具体方法如下：

### 1. 在实践活动中发展自主学习

义务教育课程理念是引导学生独立思考、主动探究、合作交流，核心内容就是培养学生自主学习的能力，这是"育学"的本质，也是育人的重要组成部分。教师要具备引领学生逐本溯源探寻数学知识的本质，清晰数学知识结构化，激发对数学知识探究欲望的能力，从而培养学生自主学习能力，达成课堂教学中的深度学习。

对学生自主学习能力的培养，主要借鉴了美国著名心理学家齐莫曼的自主学习模型理论，以及他提出的六维度自主学习的研究框架，并在实践中不断完善、改进、提升。例如，在执教五年级下册"长方体和正方体"时，我们设计了五次数学实践活动，制定了三次长期作业，从而培养学生自主学习的能力。经过近两个月的研究发现，这种课下"自主＋探究"的实践活动提高了学生在课上学习时对知识本质的理解，帮助学生构建知识体系，达成了深度学习的目的。而且这些自主学习的实践活动非常受学生喜爱，也逐渐得到家长的认可。在家长的反馈中能够看出孩子对这样的研究性、实践性的活动非常感兴趣，探究学习的欲望也非常强烈。学生在实践活动中不但收获了必要的知识内容，而且更重要的是他们深度理解了知识的本质，感受到了自己学习能力的提升。

### 2. 找准疑点，创设自主探究活动路径

只有创设有效问题情境，开展实践活动，才能激发学生的探究欲望，引发学生深度思考，提高自主学习能力。

例如，在执教三年级下册"数学广角"中"搭配"一课时，将 2 件上衣和 3 件下装进行搭配，可以搭配出几套衣服？对于想象能力比较强的学生来说，可能解决起来没有特别大的问题，但对于其他学生来说就比较困难了。这时候安排学生利用学具"衣服卡片"动手操作，参与度和学习效果会更佳。"怎样搭配才能不重复、不遗漏？"学生从摆卡片到连线法，到用文字、字母表示，有了操作经验后学生学会了举一反三、知识类推，可见围绕关键问题进行操作，可让学生的学习能力逐渐增强。

在执教三年级下册"长方形、正方形面积的计算"一课时，学生大胆猜测长方形的面积计算方法是长乘宽。老师可以设计疑点问题："为什么大家猜测长方形的面积等于长乘宽呢？同学们可以利用手中边长 1 厘米的小正方形卡片

摆一摆,然后用格尺量一量,看看你能发现什么?"这个活动问题的提出,让学生主动地尝试用小卡片摆一摆,然后用格尺量一量,发现了每排的个数、排数、单位面积的个数与长方形的长、宽、面积的关系。经历了从单位面积的个数过渡到长度单位,培养了学生的空间观念,也锻炼了学生的思考能力、实践能力。

再比如:在执教五年级上册"平行四边形的面积"一课时,学生通过前面的学习已经推导出平行四边形的面积可以用底乘高来计算。此处老师又设计了一个递进的探究活动:"课前有学生猜测用邻边相乘这个方法来计算平行四边形的面积,那么问题出在哪里呢? 邻边相乘得到的结果又是什么呢? 请同学们利用手中的框架实际研究一下。"随后学生们利用平行四边形的框架展开活动,在变形中发现了邻边相乘算的是框架变成长方形的面积,而这个长方形面积要比之前平行四边形的面积大。实际这个活动关注的是:什么变了? 什么没变? 有利于将学生的学习引向深入。学生通过这个教学活动,学会了知其然,还要知其所以然。

因此在数学课堂上,应当引导学生多质疑,让学生经历"质疑—寻找反例—验证—更改结论"这个过程,鼓励他们用数学的眼光和思维去发现并思考问题,再用标准的数学语言去进行表达。教师还要教给学生学习数学知识的方法,学生只有掌握了学习方法,才能够自主学习,从而养成良好的学习习惯,对于今后更复杂知识的学习也能够有章有法。

教师应当在充分挖掘和研究教材、充分了解学情的基础上,科学有效地设计课堂教学活动,引导学生在数学课堂上进行探索和实践;要找准探究点,合理设计交流活动,让学生善于探究、乐于探究,形成探究的方法和能力。

**3.实施有效指导,增强自主学习活动的效度**

(1)关注活动顺序

心理学研究表明:处于小学阶段的学生,他们的思维正在由无序向有序过渡。因此在课堂活动中,学生的思考方式是随着活动的进行顺序而继续的。如果探究活动的顺序混乱,学生就没有清晰的思路。所以教师在设计活动的时候并不是盲目的,而是关注一定的实施顺序。

(2)关注多种感官参与活动

在数学课堂的教学活动中,需要学生们运用眼、口、手等各种感官去进行探究,这样才能达到预设的效果。因此在教学中,教师应该尽量多为学生准备学具去进行探究。通过摆一摆、拼一拼、量一量,结合着想一想、看一看、做一做等活动,引导学生在动手探究中亲身参与和体验,从而理解新知,进一步提升学生解决问题的能力和数学素养。

例如,在学习几何图形时,教师可以安排学生利用几何形体摆一摆,引导学生用铁丝、小棒、细绳等工具,围成一些常见的几何图形框架。学生通过这样的做一做、摸一摸,能够充分体验图形的特征,建立表象,从而提升学生的空间想象能力和几何素养。

教师还要关注学生在活动中的语言表达。因为实践和实践之间、直观材料和直观材料之间都存在着一定的逻辑联系,而这些联系需要善于运用恰当的语言来表达,所以在活动中教师还要关注学生的语言表达,使其通过口述将活动的实际意义充分表达出来。

在数学课堂中,教师应当通过各种方式充分调动学生的学习积极性,为学生提供实践活动和合作的机会,帮助他们在"自主+探究"和合作交流的过程中真正理解数学学习的本质。教师应引导学生在理解的基础上掌握知识与技能,获得一定的数学思维、学习方法和数学活动经验,从而进一步提升学生的综合能力。

### 4. 在学生的实践活动与学习过程中引发深度学习

深度学习的概念源于人工神经网络的研究,"深"是指多层次的结构。研究者认为研究层次多了,知识之间内在的关联就会越多。就课堂教学而言,随着学生实践活动的丰富,知识之间的内在联系就会逐渐显现,学生的学习兴趣和探究欲望就会被不断激发,进而引发学生的深度学习。基于学科核心素养培育的教学改革,对于教师的挑战是全方位的,检验着教师对学生的理解,以及对学科知识、教学知识的掌握程度和运用能力。在我们研究和实践的"三学、两反思、一提升"学习过程中,学生就是通过这样的三个层次的学习对所学知识由认识到理解,再到掌握以及运用,层层深入地学习。

例如,在执教四年级上册"口算除法"一课中,常用的计算方法有:乘法口诀、算除想乘等。由于学生的思维层次不同,有的学生可能只想到一种方法,有的可能会想到两种方法,思维能力强的学生可能三种方法都会使用并能准确计算。教师根据巡视中观察到的学生差异列举出针对不同思维层次学生的解题方法,在学生自我讲解分析后教师要询问其他学生:"你从这几个列举中受到启发了吗？你看懂了吗？"教师的这种教学活动就是将学生的思维引入到深度学习。学生在得到其他同学算法的提示后就能够将自己的求商方法由刚才的一种方法拓展到两种或者三种方法，这就是深度学习产生的良好结果。

## 三、"三学、两反思、一提升"学习模式的构建和实施策略

### （一）构建"三学、两反思、一提升"的自主学习模式

著名教育家叶圣陶曾说："培育能力的事必须继续不断地去做，又必须随时改善学习方法，提高学习效率，才会成功。"在中国效率轰动全球的今天，在"双减"政策促使教学的主阵地回归课堂的当下，如何在"自主 + 探究式"学习的理论基础之上，让课堂提质增效，让学生回归教育本位，如何让教师教得轻松，学生学得投入，如何让师生挥洒汗水成花，积累经验成器，这是每个教育工作者不断追求的目标。

一直以来，看似教学有法，却教无定法的背后，是每位教师不断攀登，却无法跨越的三尺讲台。然而，叶圣陶还说过："教学有法，教无定法，贵在得法。"可见，"三法"各有所指：教学有法之"法"是教和学的方向和目标，即本书所坚守的立德树人的根本任务，以及所倡导的面向未来的"四位一体"的育人目标，二者不能偏离；教无定法之"法"指一切只要能达到教的目标和学的目的的合理方法；贵在得法之"法"则是针对不同对象、不同内容采用的不同方法。由此看来，构建一种自主探究、能最大限度促进不同的学生有不同程度发展的教学模式是提高课堂效率的有效方法。那么，怎样的教学模式才能既契合"四位一体"的育人目标（做到以育德为基，提升学生的学习内驱力和成就感；以育学为本，促进学生真正学习、深度学习；以育思为根，实现深度思考、高阶思维的发展），又能兼顾学生学习能力、学习习惯的培养，最终让每一位学生都能最大化地体会和享受自我成长的过程？

"三学、两反思、一提升"的教学模式就是在此基础上提出的。课堂实践表明，这种教学模式通过引导学生自学、互学和共学可以促进学生的自主反思和共同反思，能够提升学生的学习能力，优化课堂教学。

"三学、两反思、一提升"中的"三学"即自主学习、合作学习、共同学习；"两反思"是第一次学习后学生的自主反思，第二次交流学习后学生的共同反思；

"一提升"有两个层面,第一指的是学生的自我提升,即总结方法,第二是在老师指导下学生学习能力的提升,即提升技能,拓展思维。(如图 3 - 2)

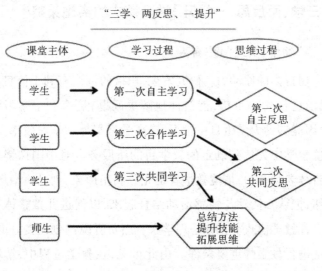

图 3 - 2

　　从这个图中我们可以发现,课堂的主体中学生出现了三次,这样的设计既肯定了学生是课堂中的主体,又提高了学生对数学学习的参与度。在此基础上设计了三次不同形式的学习,这样的形式使课堂教学变得更加生动灵活,同时也能够引导学生在自身的学习中充分思考,在和同伴的交流探索中实现真正的沟通和交流,在共同学习中充分运用所学习到的知识去解决问题。学生的这种学习方式层层递进,进而得到转换,最终在教师进一步的高层次引导下充分提升思维,这体现了设计两次反思的意义。学生可以在自主反思中谈收获,也可以在共同反思中充分反思自己的不足,从而取长补短,最终提升自己的知识储备和各方面能力。反思的目的就是让学生在几次的反思和提升中,一次次明确自己基础的变化,知识能力、思维的提升情况,将学生个体的学习进程和思维变化分出层次,同时在反思中也能将全班学生的思维和学习力分出层次,让学生在"三学、两反思、一提升"的学习过程中感受学习的收获,体会成功的快乐。

　　在这种教学模式下,作为教师,也可轻松把握模式的核心环节,真正发挥主导作用,变被动地教为主动地引,变主动地讲为被动地听。之后在充分的实践中理解和掌握模式背后的教育理论,并在此基础上灵活运用,使课堂真正转变为学生高效学习的舞台,使教师真正成为剧情的推动者、组织者,使学生真正感受到自己才是主角。

## (二)"三学、两反思、一提升"学习模式的实施策略

### 1. 创设"真"情境,实现"真"育人

情绪是一切行为的原动力。研究发现,积极的情绪有利于信息的加工和回忆;有利于灵活选择学习策略,创造性地解决问题;更有利于学习的投入。因此,情绪教育因能够助力学生自主学习、提高学习兴趣和学习效率,已经被广大教师融入情境教学中为达到既定的教学目的所服务。对中国情境教学做出突出贡献的李吉林老师认为:情境教学就是充分利用形象,创设典型场景,激起学生的学习情绪,把认知活动与情感活动结合起来,以促进儿童整体和谐发展为主要目标的一种教学模式。正如心理学家罗杰斯所说:"创设良好的教学氛围,是保证有效地进行教学的重要条件。"由此可见,在教学过程中,情境教学的应用对学生的学习感悟有极大的帮助。

然而,针对数学学科的特点,结合以往创设情境的经验,教师往往只能将情境融入教学的某个或某些教学环节,如:在导入环节融入情境激发兴趣,在教学过程中根据需要融入数学文化,在教学结束时再一次融入情境总结升华,这样很难将情境贯穿于整节数学课堂,学生的情感也就不能持续累积、叠加,不能让学生借助情境发挥持续高效的内驱力。

因此,情境不是摆设,更不是赶时髦的点缀品。特定情境的设置不应仅仅起到敲门砖的作用,也不仅仅是为了调动学生的积极性,还应当在整节教学中,乃至对今后教学中的情感、态度、价值观的培养,学科品质、人格素养的塑造方面发挥持续的导向作用。而此目标的确定正是建立在立德树人的根本任务之上,根植于"四位一体"的育人理念之中。

由此看来,教师需要创设的是全程情境,是既起到敲门砖、调动学生积极性的作用,还能为育德服务,最终可以提高学生学习力的"真"情境。

数学学习是"自主 + 探究式"学习的过程。每一个等待学生自主探究的新知识都是一个个新问题,而每一个问题的解决都是学生心中的一个个目标。恰如一座座山峰,又如一座座城堡、一条条河流……而解决问题的过程就是向山

顶进发,去寻找城堡、去跨过河流的过程。基于这样的探究情境,学生可以全程自觉建立目标意识,将原本隐性的思考、被动的思维变得显现化、主动化。在教师的引导下,将学生的起点与终点精准定位,两点成线,使得需要经历的过程渐渐清晰、丰富和完善起来。让学生在不断关注自己发展进程的同时,主动寻求前进的路径,去尝试、去调整、去经历坎坷、去排除困难,最终到达目的地。

下面将以哈尔滨市群力兆麟小学校郑婷婷老师所执教的五年级下册"3 的倍数的特征"一课为例,针对"三学、两反思、一提升"学习模式的实施策略进行详细论述。

【片段1】创设情境,顺境而思

师:同学们,2、5 的倍数判断得太快了,老师想和你们比一比,由你们将这 3 张数字卡片变换顺序组成不同的三位数,大家来看看老师是怎样判断 3 的倍数的。

师:老师为什么判断得这么快,这节课你想探究什么样的问题?

生:老师判断得快,一定是因为 3 的倍数和 2、5 的倍数一样具备某些特征,所以我想知道 3 的倍数有什么特征。

师:你可真善于发现问题,同学们,如果把"3 的倍数有什么特征"比作一座山峰的话,你对它有多少了解呢?(师画山峰图)你觉得你现在处在山峰的什么位置?

师:只有几位同学处在半山腰,很多同学都处在山脚下是吗?

师:同学们想,要想爬上"3 的倍数有什么特征"这座山峰,我们需要经历怎样的过程? 怎样实现我们的目标呢?

在上述教学过程中,教师将探究"3 的倍数有什么特征"的过程比喻成学生熟悉的攀登山峰的过程,易引起学生共鸣,也贴合探究问题的特点。情境的展现过程中,教师不仅通过语言将教学内容植入学生脑海,还跃然于板书之上,让学生多感官参与,将情境的创设与教学内容融为一体,真正将学生最大化地带入到情境中。这样的情境创设给学生注入了充足的原动力和挑战欲,使他们心向目标,顺境而思。接着教师追问"你觉得你现在处在山峰的什么位置?"让学生明确了自己的起点,让教师了解了学生整体的思维层次,这样,学生学得明白,教师教得踏实。由此可见,"三学、两反思、一提升"学习模式中的情境创设是"真"情境,是不拘于表面的目标情境,是不止于起点的全程情境,更是不限于学科的育人情境。

**2. 立足"真"问题,促进"真"学习**

顺境而思,顺思而问。在情境的带入下,学生开始尝试迈开勇敢的第一步,与自己对话、发问、猜想……苏格拉底曾说过:"问题是接生婆,它能帮助新思想的诞生。"而新思想的诞生就是学习的真正开始。于是,"三学、两反思、一提升"的"三学"顺境而至。

三次学习均以核心问题为导向。因此,利用情境和学生原有经验,结合教学内容重难点来设计顺应学生思维的核心问题是重中之重。

【片段2】以境促问,以问促学

师:看来大家都找到工具和方法了,那你觉得3的倍数有怎样的特征呢?

生猜想。

自学探究问题:

师:个位是3、6、9的数是3的倍数吗?判断一个数是不是3的倍数,只与个位有关吗?请大家自己来验证。

互学探究问题:

1.师:既然与个位无关,与什么有关?有怎样的关系?和小组同学分享你的发现。

2.师:通过小组交流,比较以上同学的发现,你有怎样的思考和补充?

共学提升问题:

1.师:回顾一路走来的过程,比较我们昨天探究的2、5的倍数特征你有什么想说的吗?

2.师:为什么判断一个数是不是2或5的倍数,只需看个位数即可;而判断一个数是不是3的倍数却要看各位上数的和呢?

延伸性问题:

师:同学们,这节课谁欣赏到山顶的风光了?那站在山顶你有什么感受啊?

生分享感受与收获。

因为3的倍数特征是在2、5的倍数特征的基础上学习的,所以,学生很容易将探究思路照搬,形成思维定式,认为3的倍数特征也与个位有关。因此在自学探究环节中,教师设计学生能自我尝试、自我猜想的问题,让其发现3的倍数与个位无关;互学探究环节中,顺势提出问题——"既然与个位无关,与什么有关?"再次猜测,再次验证,并通过小组合作交流比较学生的发现,让学生在比较中实现对方法多样化的分层、优化,提高合作探究能力的同时也能梳理思维层次;共学提升环节是通过横向比较、纵向挖掘,使学生自我提升、师生共同学习提升的过程。横向比较,如:比较 3 的倍数特征与 2、5 的倍数特征,这是基于学生探究新知后的自我提升,目的是总结经验方法,为知识穿线,建立知识之间的联系,构建知识体系;纵向挖掘,如:2、5、3 的倍数为什么有这样的特征? 作为新知背后的拓展,有一定的难度,是师生共同学习提升的过程。重在使学生在更好地理解 3 的倍数特征的基础上,追根溯源,挖掘本质,培养学生的探究精神和探究意识。

三次学习,三个环节,层次清晰,环节紧扣。

自主学习是基础,在于让学生经历原生态的学习过程,确定知识起点,明确学习困惑。

合作学习是重点,是解决教学重难点的关键环节。通过不同起点的学生互相交流学习——高起点的同学带着发现去分享,低起点的同学带着困惑去倾听,通过倾听他人的分享感受自己的收获。这种把教与学的机会都交还给学生的方式,真正做到通过核心问题回归学生本位,从而最大化地关注每个学生的生长点,让不同的学生都有不同的发展,让课堂真正地活起来。

共同学习则是在新知结束后师生完善知识脉络、深挖知识内涵、总结辨析、提升能力的过程。此环节教师可根据教材和教学目标设计学习内容,可以基于学生的自主学习并针对所学知识的重难点进行梳理、查缺补漏、巩固运用,还可以根据教学内容和学生反馈,将范围扩大,层面提升。由一课知识点扩大到多课知识点;由知识层面上升到方法、思想、态度层面;由一个问题引发多个问题。爱因斯坦曾说过:"提出一个问题往往比解决一个问题更重要。"解决问题也许只是技巧问题,但提出新问题或从新角度看旧问题,却需要创造性的想象力。因此,一节课的极致便是让学生不但学会解决问题,还会发现和提出新问题,并带着新思考、新问题由课上延续到课下,为教师下一步的教学埋下伏笔。

由此看来,只有立足于核心问题,充分发挥问题的导向作用,设计"真"问题,让学习围绕问题充分展开,才能更好地提升学生的学习力,更好地实现本书所倡导的"育学"目标,才能实现"真"学习。

### 3. 带入"真"反思,发展"真"思维

有了"真"情境以育德、"真"问题以育学,思考便显得水到渠成。所谓学思

并重,学是思的前提,只有在学的基础上融入自己的思考,学才有效,才能形成自己的学习体系,才能进入更高的思维层次学习,探究更有挑战性的问题,进而形成良性循环。然而,基于小学生的认知发展水平,往往问题引导下的被动思考较多,而主动思考、主动反思、自我总结、自我认知和提升较少。数学作为抽象性学科,思维隐性不易外显,因此教师往往不能及时掌握全班同学的思考过程,不能很好地解决学生思考过程中出现的问题。对于数学的学习,反思意识的培养是必不可少的。而这也是本书下一章"育思"所要详细论述的内容。

基于以上考量,在"三学、两反思、一提升"的学习模式中,确定了两次有层次、有目的的反思过程。而两次反思可分为两个维度,即:基于情境的反思和基于学习的反思。

【片段3】情境反思

反思1:同学们,如果把"3 的倍数有什么特征"比作一座山峰的话,你对它有多少了解呢? 你觉得你现在处在山峰的什么位置?

反思2:同学们,经过前面的互相学习,你觉得你现在到达山峰的什么位置了?

为了凸显情境的目的性原则,保证育德效果的最大化,第一次情境反思可以在情境创设之后进行,以保留学生原生态的知识基础和思维基础,确保学生自我定位的准确性,以及全员反馈的真实性。而第二次情境反思则设计在到达目标后,让学生及时回顾登山的过程,从而体会内心的变化与成长。通过两次情境反思,能更好地发挥情境的驱动性作用,更好地促进学习过程的直接、高效。

【片段4】自我反思

师:个位是 3、6、9 的数是 3 的倍数吗? 判断一个数是不是 3 的倍数,只与个位有关吗? 请大家自己来验证。

生1:我发现个位上是 3、6、9 的数不一定是 3 的倍数。比如 3、6、9 是 3 的倍数,但是 13、16、19 不是 3 的倍数。

师:谁和他有同样的发现? 谁还有不同的发现?

生2:我发现 3 的倍数和个位无关,因为在 3 的倍数中,个位上的数字从 0 到 9 都有可能。

师:看来我们之前的猜想是行不通的。既然与个位无关,到底与什么有关呢?

生猜想……

在上述教学过程中,学生自主尝试验证自己的猜想,展现了原生态的学习进程。之后,组织学生第一次反思交流学习成果,教师不做任何讲授与评价,使学生在观察与倾听中自省、自悟,明晰自己的认知过程,对比自己的思考路径,发现按照探究 2、5 的倍数特征的思路行不通,进而及时调整、改变思维方式。而在此过程中,不仅促进了学生的认知水平和学习能力,增强了思维的灵活性和深刻性,还初步形成了反思意识,培养了实事求是的态度以及独立思考、反思质疑的能力。

【片段5】共同反思

师:与什么有关? 有怎样的关系? 和小组同学分享你的发现。

生1:因为只看个位不行了,所以我想到再看十位,我发现如果个位和十位上的数都是 3 的倍数,这个数就是 3 的倍数。比如 33、36、39。

师:同学们,你同意他的观点吗? 谁还有不一样的发现?

生2:老师,我认为和个位与十位的数字之和有关,因为我发现 33、45、69 等,这些数个位与十位的数字之和都是 3 的倍数。

师:谁和他的想法一样,还有其他的发现吗?

生3:我发现斜着观察百数表,十位依次多一,个位依次少一,但和是不变的。而且这条斜线十位和个位上数字之和是 3;这条斜线十位和个位上数字之和是 6;这条斜线十位和个位上数字之和是 9,然后是 12、15、18。而他们都是 3 的倍数。

师:比较以上同学的发现,你有怎样的思考和补充? 小组交流。

小组1:老师,我们小组发现,三位同学都发现 3 的倍数与各个数位有关。但是第一位同学的发现有局限性,比如 12、24、84 的个位和十位单独看都不是 3 的倍数,但这些数依然是 3 的倍数。

师:大家同意吗? 我们来看看,哪些数的个位和十位单独看都是 3 的倍数? 这位同学逐个数位去研究,方法还是可取的。

小组2:我们小组发现,第二位和第三位同学都发现 3 的倍数与各个数位的和有关,但第二位同学是通过举几个零散的例子来验证的,我们感觉不太具有说服力;而第三位同学通过将百数表里所有 3 的倍数进行归类来验证更全面,更具有说服力。

　　在学生第二次学习后进行的第二次反思是合作交流后的共同反思,也是整个学习过程的核心。首先由学生汇报,教师仍不做过多评价。但这次与第一次反思不同,不单单让学生自我反思,将自己的发现与每位同学的发现进行比较,还要将几位同学的发现进行横向对比。通过小组交流、比较、思维碰撞,将自己与他人的思考过程进行融合,将方法分出层次,并加入自己的思考以做补充,形成方法的最优化。这样,在多向的对比中,在生生的互动中,不仅对新知识进行了深入探究,不断地寻理、明理、说理,不断地反思、校正自己对新知识的认知,不断地完善对知识体系的建构,还有意识地引导学生把自己想到的和听到的融合在一起归纳、概括和总结。因此,此环节作为思维发展的核心,需要反复训练才能体现小组合作学习的效力和优势。为此,教师在教学中要经常性地开展小组合作学习,让学生在合作交流学习的过程中提高合作能力、培养团队意识,在深度思考和思维碰撞中提升高阶思维。

　　【片段6】反思性梳理

　　师:回顾一路走来的过程,结合我们昨天探究的2、5的倍数特征,你有什么想说的吗?

　　生1:探究的方法是一样的。

　　生2:3的倍数特征与个位无关,与各位数的和有关。

　　生3:按昨天的探究思路行不通了。

　　师:看来探究问题就像爬山,也会经历坎坷,也需要排除障碍,这就要求我们不断地调整思路,不断地猜想、验证,再猜想、再验证,最后才能到达山顶。

　　学生在经历自主反思和共同反思后,教师还可以设计如上的教学环节,引导学生针对两次反思进行全面梳理、自我提升,还可以与原有知识、生活实际、数学文化等内容相结合,引领学生共同总结所学到的知识和方法,反思自学能力是否得到发展、是否形成了用数学思想解决数学问题的学习能力。此环节可以让学生深入思考,梳理反思的全过程,并从中突出重点、提炼方法,增强思维的深度、广度,使学生的思维水平得以真正发展。

　　**4. 教师"巧"引导,模式"活"运用**

　　为了更高效地推动学生自主探究学习的进程,在"三学、两反思、一提升"学习模式的实施过程中,还要注意充分发挥教师的引导作用。首先通过设计具有导向作用的核心问题,指导学生有效展开自学、互学的学习过程。其次,在教学中要注重全员反馈。在教师了解每位学生的起点及个人学习进程发展情况的同时,也让每位学生随时关注、反思自己的学习进程,以此达到学习和反思效果的最大化。另外,教师还要充分利用评价机制,通过语言对学生进行激励。如在二年级下册"有余数的除法"的计算教学中,三次学习的过程中让学生观看不同的作品,教师可以启发:"看到这些作品,你是否有新的想法?"同时再通过反馈,了解全班学生的学习状况。通过这样的反馈,可以让学生了解自己的进步和变化,同时教师可再一次明确全班学生的层次和整体变化情况。这个过程中教师一直以"你发现了吗?受到了什么启发?谁能说得更清楚?"等问题作为导向,引导其他学生在得到提示后能够将自己的方法延伸、拓展到两种方法或者三种方法。这样的自我反思、交流的过程才是真正的学习课堂、真正的思维课堂。

如上文所说,教学有法,教无定法。所以值得说明的是在"三学、两反思、一提升"学习模式的实际实施中,教师需要针对不同课型,结合教学计划对教学目标进行合理的调整。正如庄周的《庖丁解牛》中所说:"批大郤,导大窾。"数学教学正如庖丁解牛,看似复杂,但不管是什么牛,他们的肌理都是一致的,就像"三学、两反思、一提升"学习模式的教学理念,都是结合本书"四位一体"育人课堂的整体目标提出。如果能抓住其中关键、摸准其中规律,就能像庖丁解牛一样,做到目中有牛,却又目中无牛,就能规避矛盾,化繁为简,收获轻松、高效,并充满活力的数学课堂。

【"分数的意义"教学片段】

师:看课件演示,说出你看到的分数,你有什么发现?

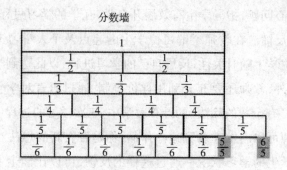

图 3 - 3

生:这些分数都是几分之一。

生:每一行分数墙砖块的总长度是一样的。

生:分数的分母越大,分数墙上的砖块就越小。

师揭示概念:把单位"1"平均分成若干份,表示其中一份的数叫分数单位。

师:再看演示,你还有什么发现?

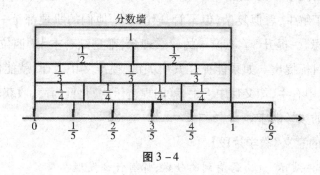

图 3 - 4

生:5 个五分之一是五分之五。

生:6 个五分之一是五分之六,五分之六就超过了单位"1"。

生:几个五分之一就是五分之几,但是超过 5 个五分之一就超过了单位"1"。

生:6 个五分之一可以看作是单位"1"再加上一个五分之一。

师:你太棒了,你的发现是我们下节课要学到的知识。

师:这条分数墙还可以把砖块去掉并且向一端无线延伸,现在他变成了一条数轴,在这条数轴上你们还能找到分数吗?

生自主观察,核对答案后进行评价。

师:今天我们学习了分数单位,之前我们还认识了小数,而使用最多的是整数,它们的计数单位有哪些呢? 一起借助课件回忆一下,想一想整数、小数和分数的计数单位有哪些区别和联系?

生:整数是由几个一、几个十、几个百等组成的。分数是由几个几分之一组成的。

师:无论整数、小数还是分数都是由他们的计数单位组成的。

本节课秉持着培养学生自主学习能力的教学理念,在各个教学环节中都力求激发学生自主学习的内驱力,最终在学生高涨的学习情绪驱使下,让学生学得更扎实。由此可见学生的自主学习能力是提高课堂教学质量的关键,也是学生实现自我发展的关键。

【"商的变化规律"教学片段】

师:刚才我收集了孩子们的研究过程,现在我们来看看。

生:我发现两个算式有倍数关系。

生:我发现除数没变,被除数是 10 倍关系,商也是 10 倍关系。

生:我发现除数没变,第一个算式的被除数是第二个算式的 10 倍,商也是 10 倍,第三个算式的被除数是第二个算式的 2 倍,商也是 2 倍,

生:(展示连线具体化研究成果)我发现除数不变,被除数乘几或者除以几,商也乘几或者除以几。

师:大家评价下这几名同学的方法,你觉得哪种好,为什么?

生:第四名同学的方法好,因为他连线后任意两个算式之间的关系特别清晰。

师:请同学们像他这样把自己的研究成果进行修改。

师:用研究第一个问题的方法研究,被除数不变,除数扩大或缩小,商会如何变化?

生:我运用刚才同学的方法研究得出:当被除数不变,除数扩大或缩小,商反而会缩小或扩大。

生:我发现,当被除数不变,除数乘几或除以几,商反而会除以几或乘几。我是这样举例子研究的。(板)

师:通过学习别人的方法,验证自己的猜测,从而得到结论,是一种很好的

学习习惯。很多同学能自己独立研究,并得出正确的结论,真是小数学家。

（1）自主研究第三个规律。

（2）展示:被除数和除数同时乘以或者除以同一个数,商不变。

师:刚刚开始学习时,我们把这节课学习的内容比作一间房子,你原来在哪? 现在你在哪?

师:你是怎样进到房子里面的? 进到里面我们还要干什么?

生:是通过自己的学习进入到房子里。研究规律:我们应该考虑到 0 的情况。

师:是啊,在研究数学规律时,我们往往要考虑全面,特别是 1 或者 0 的情况都要考虑。

本节课是在两位数笔算除法的基础上进行教学的,它是进行除法简便运算的依据,同时为今后学习小数乘除法、分数的基本性质、比的基本性质等打下良好基础。本节课是在学生已经形成计算能力的基础上,通过观察、思考等活动引导学生在合作交流中自主发现商的变化规律。教师引导学生经历提出猜想—举例验证—得出结论—实际应用这一学习过程,在理解和掌握商的变化规律的同时获得研究问题和探索规律的方法。这部分内容巩固了之前的计算教学内容,同时对学生进一步抽象和概括的能力有了进一步的培养,有助于学生的观察、思考和探索,体现了思维成长过程,感受"变与不变"的函数思想和科学的研究态度,进而提升了学生的核心素养。

本节课打破传统教学模式,以定学—研学—互学—导学—检学为主线,给学生搭建了研究的平台,老师则真正成为学习的组织者、引导者、合作者。本节课还有三个变化:由纯知识本位向关注学生发展变化;由追求结果和结论向探究问题导向变化;由关注知识向关注育人变化。

在 2017 年"四有"好老师的培训中曾提出"四个课堂":学习的课堂、思维的课堂、人文的课堂、育人的课堂。学习的课堂就是要体现出思维过程、思维层次和思维变化。

孩子的心田是一块奇异的土地,播种思想的种子,就会得到行为的收获。"三学、两反思、一提升"的学习模式就像一粒种子,它最大限度地发挥着数学课堂教学的育人功能。为了增强学生的学习能力、提升学生的思维高度,教师润物无声般地发挥着导向作用,让学生经历学习的全过程。通过自主、自悟、自解、自理的学习过程,最终达到会学、会思、会创,并在这一过程中形成学科品质,发展学习力,体会自我的提升,收获学习的乐趣。

# 第二节 结构化学习 引发深度学习

面向未来的小学数学育人课堂,将学生的学习放在了首位。上一节我们着重对自主学习进行了深入的探讨,下面我们将介绍结构化学习这一重要的学习方式。所谓结构化,是指将日积月累的知识进行归纳和整理,从而使这些知识有条理、有结构、有纲领。知识是一点一点慢慢积累的,但在头脑中不应该是像物品一样堆积在一起的。学生头脑中的知识是有组织、有系统的,知识点按层次排列,而且知识点之间有内在联系,结构层次清晰。结构化学习对学生学习数学知识意义重大。当知识以一种层次网络结构化的方式进行存储时,可以极大提高知识应用时的检索效率、应用能力。因此,在学习的课堂中,我们将结构化学习作为重要内容。

## 一、结构化学习的内涵与意义

### (一)结构化学习的内涵

结构化学习的内涵是什么?从字面入手,什么是"结构"?所谓结构,就是指系统内各组成要素之间相互联系、相互作用的方式。其中系统内各组成要素即元素,相互联系和相互作用的方式即关联。因此,结构从本质上讲即元素关联。[①]

结构化即系统化,可以理解为作用于主体并促进对事物的元素及关系整体关联而形成自主认知建构的过程。正如美国认知心理学家布鲁纳所说:"学习结构就是学习事物是怎样相互关联的。"

结构化学习要引导学生经历连点成线、组线成面、融面成体的建构过程。

小学数学结构化学习,是指建立在数学知识系统和学生已有认知的基础上,以整体关联的方式进行融通并建构系统化认知结构,发展结构化思维的

---

① 席爱勇.元素关联:小学数学结构化学习的核心[J].中小学教师培训.2018(11):53.

过程。

## (二)结构化学习的意义

### 1. 结构化学习能够发展学生的结构化思维

数学是研究现实世界中的数量关系与空间形式的一门科学,这是恩格斯对数学的经典定义。数学知识本身具有严密的逻辑性,彼此间有着密切的联系,因而形成了纵横交叉的知识网络。张奠宙曾在《小学数学研究》一书中提到"数学是一门研究关系的学问",也就是说,数学研究的任何知识、思想及方法都不应该是孤立的。《义务教育数学课程标准(2022 年版)》在教学建议中指出要整体把握教学内容,其中明确提出:"在教学中要重视对教学内容的整体分析,帮助学生建立能体现数学学科本质、对未来学习有支撑意义的结构化的数学知识体系。引导学生从数学概念、原理及法则之间的联系出发,建立起有意义的知识结构。通过合适的主题整合教学内容,帮助学生学会用整体的、联系的、发展的眼光看问题,形成科学的思维习惯,发展核心素养。"①

如,四则运算间的联系,从数学逻辑的角度看,可用下面的概念图呈现。

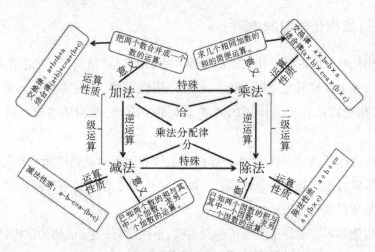

图 3 – 5　四则运算意义及运算规律概念图

加法是所有运算的基础,它的意义是把两个数合并成一个数的运算。从计

---

① 中华人民共和国教育部. 义务教育数学课程标准(2022 年版)[S]. 北京:北京师范大学出版社,2022:85.

数的角度来理解的话,加法的核心是加1。已知两个加数的和与其中一个加数,求另一个加数的运算叫作减法。减法是加法的逆运算,从计数的角度来理解的话,减法也是数数,只不过是倒着数。特殊的加法就产生了乘法,从计数的角度来理解的话,就是几个几个的往后数。乘法的逆运算是除法,从计数的角度来理解的话,就是倒着几个几个的数,当然除法又是特殊的减法。加法与乘法的本质是合,减法与除法的本质是分。

我们还学习了四则运算的运算性质,正是加法与乘法有着这样的意义,所以它们才有这样的运算定律,也就是交换律、结合律。减法与除法也有类似的运算性质。乘法分配律建立起加法与乘法的关联之桥,借助加法交换律、结合律也能够推出乘法分配律。

因此,教师只有认真研读教材,用结构化的思想引导学生结构化学习,才能够促使学生建构知识间的联系,形成清晰稳固的认知结构,发展结构化思维和培养学习迁移能力。

**2. 结构化学习能够调整碎片化、狭窄化的教学现象**

反思目前的课堂教学仍然存在着碎片化、狭窄化的教学现象,部分教师更多关注的是某个知识点的教学,缺乏整体架构的意识,不能将知识点置于整个知识系统来思考教学路径,忽视核心知识的重要地位以及数学思想的渗透,这样就致使学生形成的认知结构是点状的,无法形成结构化思维,造成学习浅表化,长此以往何谈思维能力的发展。下图中呈现的是学生常见认知结构的几种类型,我们希望学生形成这样网状结构化的认知结构,这样他们在解决问题时,才能迅速准确地唤起相关知识经验,触发相关知识链条,进而解决问题。

线性结构　　　　　树形结构　　　　　网络结构

**图 3-6　常见认知结构类型**

**3. 结构化学习是落实深度学习的有效途径**

深度学习是近年来教育界十分关注的。众多专家纷纷表达对深度学习的见解,通过分析不难发现,这些专家对深度学习的理解是有相通之处的。深度学习追求的是学生对知识更深层次的理解。理解的标志是建构知识间的联系,用 SOLO 分类评价理论可以作为检验学生理解水平的工具。

SOLO 分类评价理论可划分为前结构水平、单点结构水平、多点结构水平、关联结构水平、抽象拓展结构水平。前结构水平是指学习者学习前的水平;单点结构水平是指学习者能够关注到事物的某一个要素;多点结构水平是指学习者能够关注到事物的多个要素,但是无法使之关联;关联结构水平是指学习者能够关注事物各要素间的关系;抽象扩展结构水平是最高的学习水平,是指学习者对所学知识能够多角度理解,能够将其运用到新的情境中。其实,达到关联结构水平就可以称为深度学习。

不难发现,深度学习的核心是"关联",举一反三,融会贯通的前提是建构知识间的联系,形成稳固、系统的认知结构。这与结构化学习的宗旨是吻合的,因此结构化学习是落实深度学习的有效途径。

## 二、结构化学习的实施策略

### (一)培养教师的结构化意识

学习是教师通过学习活动将数学知识结构转化为学生认知结构的过程。实施结构化学习需要教师能够高站位,备课时能够将所教内容置于整个知识体系,而不是孤立看待,这就需要教师对小学阶段的知识体系了然于胸。这里所说的知识体系并非教参中呈现的知识体系表,教参中的呈现只能说是简单的罗列,而缺乏知识间的整合,因此梳理知识间的联系,让点成线、线成面、面成体,架构完备的知识体系是每位数学教师的必修课。只有对整个知识体系进行系统化、结构化的梳理,教师在备课时才能够做到整体建构。

### (二)建立概念群并以核心知识及思想统摄概念群

数学概念是数学的逻辑起点,是学生认知的基础,也是思维的核心。如何建立整体性的概念体系,形成网络状认知结构? 我们可以通过建立概念群并给予核心知识及思想以重要的地位,以核心知识与思想统领概念群内知识的学习。如,关于图形高的认识就可以作为一个概念群,这个概念群里应该有平行四边形的高、梯形的高及三角形的高等,核心知识就是点到直线的距离。

概念的建构有两种方式,一种是概念形成,另一种是概念同化。一般情况下,建议大家在教学概念群中讲解第一个知识点时采用概念形成的方式,然后在讲解教学概念群中其他知识点时再采用概念同化的方式。

在教学时,如何实现结构化学习,下面以哈尔滨市花园小学王均杰老师执教的四年级下册"认识三角形"一课为例进行阐述。

**【"认识三角形"教学片段一:初识底和高】**

师:同学们,我们认识了平行四边形的高和底,并且学会了给平行四边形画高的方法。(出示平行四边形高的定义)这是平行四边形高和底的定义,能不能借助已经学习过的这些知识,大胆推想一下,什么是三角形的高和底呢?

组织学生小组讨论并互相补充,完善学生的认知和语言表达。

生:从三角形一个顶点向它的对边做一条垂线,顶点和垂足之间的线段叫作三角形的高,这条对边叫作三角形的底。

师:这是你们对三角形高和底的推想,那书上是怎样说的呢? 老师把书上的定义打到幻灯片中,咱们来读一读。

师:书上的定义与你们的推想接近吗? 有不一样的地方吗?

生:平行四边形的高是从一条边上任意一点画出的,而三角形的高是从顶点画出的。

师:在类比迁移时,他能在新旧知识间找到相同之处,还能在相同之中找到不同之处,掌声送给这位善于反思的孩子。

师小结:看来,借助已经学过的知识,抓住知识间的内在联系,通过合理的推想,也能得到新的知识,这就是咱们前面提到的类比迁移的学习方法。

上面的教学片段中,教师在认识三角形的高时,采用的就是概念同化的方式来引导学生建构新知。利用学生原有认知中平行四边形高和底的概念与三角形的高建立实质性的联系,学生在类比迁移中,初步形成了结构化认知。如果用 SOLO 分类评价理论分析的话,此时的学习应属于初期关联结构水平,接下来我们再看教师是如何帮助学生深化这一学习水平的。

**【"认识三角形"教学片段二：比较沟通】**

师：老师刚才发现这位同学一口气把三角形的高都画出来了，猜猜看，他画了多少条？

生：三条。

师：还记得平行四边形、梯形的高有多少条了吗？

生：无数条。

师：为什么三角形只有三条高呢？

生：给平行四边形画高时，是在一条边上任意选择一个点，向对边画垂线段，因为一条边上有无数个点，所以可以画出无数条高；而三角形的高要从顶点画出，它只有三个顶点，所以只能画出三条高。

师：刚刚我们找到了这三个图形的高在数量上的不同之处。想一想，在这不同的背后，是否有相同的地方呢？

生：给哪个图形画高都是先选择一个点，然后向它的对边画垂线段。

师：真是一语道破天机。无论是给哪个图形画高，其实都是从一点到对边画垂线段。

上面的教学片段，教师引导学生进一步深入思考。通过对比，发现平行四边形、三角形、梯形等图形中"高"的区别与联系，从而得出图形的特征决定了"高"的数量的不同，可其本质上却又都是我们以前学习过的"从一点到对边画垂线段"。这样就凸显了这一概念群中的核心知识，以"从一点到对边画垂线段"这一概念统领了对不同图形高的认识，学生的学习水平已经从初期关联结构水平进入到成熟期关联结构水平，深度学习已经发生。

学生在给钝角三角形画高的时候，他们都能画正确，没有受锐角三角形高都在三角形内部的干扰。"从一点到对边画垂线段"促进学生抓住知识的本质，这说明概念群中的核心知识已经发挥作用。这一点足以说明学生的学习水平达到了抽象拓展结构水平。再去学习其他图形的高时，这个核心概念将继续发挥统摄作用，不断地强有力地吸纳新知，与新知建立起实质性的联系，认知结构在量变与质变中走向成熟。

## （三）抓住通性、通法，实施结构化学习

所谓通性、通法，是指具有某些普遍意义和规律性的观念、思想及方法。史

宁中教授曾强调认识数与运算的一致性,数的一致性就是在同样的数位上才能比较大小,运算的一致性就是在同样的数位上才能进行加减运算,即运算就是对计数单位的运算。抓住通性、通法,可以实现"学一法,会一类,通一片"的目的。数与代数领域存在通性、通法,图形与几何领域同样也存在通性、通法。如对于图形的认识是要从它的边、角两个维度不断地研究;图形面积计算方法的推导,要运用转化的思想方法;对于图形运动的研究要抓刚体运动不变性这一特点,研究图形运动后的变与不变,进而把握图形运动变化的全过程。测量物体的某一属性,也要先经历选择测量单位——统一测量单位——选择测量工具——使用测量工具的过程。

### (四)运用概念图教学为结构化学习增效提质

概念图是一种用节点代表概念、用连线表示概念间关系的图示法。概念图也可以看作是一种可视化工具,用以检测对概念的理解程度。在课堂教学中,借助概念图做支撑,可为数学结构化学习增效提质。

王均杰老师在执教三年级上册"探究长方形、正方形与平行四边形的关系"一课时,在互动的基础上形成了下面的概念图。

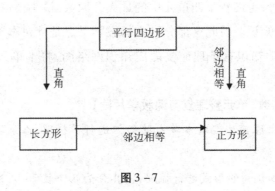

图 3-7

通过这样一幅概念图,可以帮助学生进一步理清平行四边形、长方形、正方形几个概念间的脉络关系,并实现知识的完整性学习。

在新授课中可以运用概念图,在整理复习课中更加适用概念图进行结构化教学。将概念图应用于整理复习课时,可以促进学生将已有的知识重新整合,建立稳固的认知结构,从本质上理解和把握数学知识,发展结构化思维。在绘制概念图的过程中,学生的独立思考能力和解决问题的能力也会得到长足的发展。

例如,在五年级下册教学"因数与倍数"单元的知识时,我们可以尝试让学生来画概念图(如图3-8)。

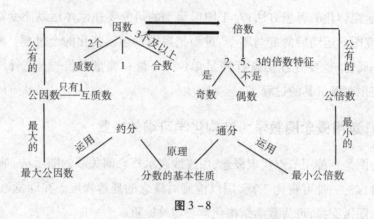

**图3-8**

"因数与倍数"这部分知识是在学生学习了一定整数知识的基础上对整数的性质再加以认识。在单元整理复习的过程中既涉及因数、倍数、质数、合数、奇数、偶数等概念,也涉及第四单元中的最大公因数、最小公倍数等内容,这些都属于初等数论知识。因此这部分内容的教学重点是针对本单元所学知识的综合运用,把所学知识有条理地整理成知识网络图,将本单元知识进行一次回顾。

### 【"因数与倍数"单元整理复习课教学片段】

师:同学们上课前已经对本单元的知识进行了梳理,谁来说说你是采用什么方式进行梳理的?

生:我是用知识树的形式进行梳理,将其分为两个枝干,左边是因数的相关知识,右边是倍数的相关知识。我将所有例题出现的内容都呈现出来了。

生:我采用的也是知识树的形式,但是我分了三部分。一部分是因数与倍数相关的知识,一部分是质数、合数相关的知识,还有一部分是2、3、5的倍数知识。

生:我选择的方式是例题梳理的方式,请大家看,我按照学习的过程,将所有的知识点都有序梳理出来了。

师:老师还看到有的同学选择了用表格的方式梳理,也有的同学选择知识点分类的形式梳理,还有的同学用典型题的方式进行梳理。这些方式都可以。现在我们在小组内交流一下你的梳理内容,相互检查一下在梳理的过程中有没有遗漏的知识点,如果有,请你修正在自己的单元导航单上。

五年级的学生对于知识的梳理已经有了一定的经验,课前先让他们经历独立思考的过程,然后在课堂上通过短暂的分享交流可以不断地增加知识整理的方法,同时在展示交流、相互介绍的过程中更容易教会学生科学梳理知识、建构知识网的方法和策略。本节课最重要的是培养学生阶段整理、建构知识网的学习习惯,打通知识与知识之间的间隔墙,了解知识与知识的内在联系。通过整理与复习,学生学会了如何有序整理知识,建构因数与倍数相关知识的知识网络,系统掌握了本单元的内容。同时,通过合作交流等活动培养了学生的思维能力、说理能力,使学生感受到学习的快乐,使每个学生得到不同的发展。单元整理复习课是数学课堂教学的一种重要课型,在教学实践中应当把"忆——理——析——练——评"作为整理复习课的课堂教学模式,在整体回忆、个人梳理、互动交流、建构知识网的过程中既培养学生良好的学习习惯,又教会他们通过科学、有序的方法进行整理与复习。

总之,结构化学习要着眼于学生的认知结构,促进深度学习的发生,加深对知识的深度理解,发展结构化思维,提高解决问题的能力,培养学生学会学习,使数学素养得以发展。

(课例见附录 2 因数与倍数　单元整理复习课)

# 第三节　本质学习 实现真正学习

## 一、本质学习的内涵

小学数学的本质学习、深度学习,要基于核心素养进行深化。本质学习是在教师的引领下,学生围绕具有挑战性的学习主题,全身心积极参与、获得发展的有意义的学习过程。在这个过程中,学生掌握学科的核心知识,理解学习的过程,把握学科的本质及思想方法,形成正确的价值观,成为优秀的学习者。

小学数学的本质学习,要落实数学课程标准的四个课程领域十大核心概念,即——数感、符号意识、空间观念、几何直观、数据分析观念、运算能力、推理能力、模型思想、应用意识、创新意识。

数与代数领域要培养学生的数感和符号意识,形成数的认识,能够理解算理,准确进行计算,提高学生的运算能力。图形与几何领域借助数形结合,培养学生的空间观念,利用图形描述,借助几何直观,把复杂抽象的数学问题变得直观、形象,有助于培养学生探索解决问题的思路。统计与概率领域重点要培养学生的数据分析观念。综合与实践领域要培养学生推理能力,应用与创新意识。小学数学教师应深入剖析当前数学教学的问题和学生学习现状,积极进行数学课堂教学模式的创新和教学方案的制定,以有效促进小学数学教学,构建以培养学生学习能力为主要目标的育学课堂。

## 二、本质学习的策略

### 1. 真实情境、有效活动

为学生创设真实的数学情境,使学生更易于产生代入感,从而主动思考探究解决问题的方法和策略。精准设置问题,组织学生开展有效的学习活动。学生在学习中经历发现问题、提出问题、分析问题、解决问题的全过程,使学生能够做到行为参与、认知参与、情感参与,凸显数学本质,渗透数学思考。

例如,在四年级下册"平均数"的教学中,为学生呈现"投掷飞镖"的具体情境,生动有趣,激发学生的参与热情。在变化投掷要求的过程中(每组人数不等投掷,允许一人重新投掷或增加一人投掷),学生体会平均数的丰富内涵及意义,了解平均数的重要作用及价值,从而增强数据分析观念。

【"平均数"教学片段一:情境导入,理解平均数的求法】

师:今天我们的数学课就从飞镖比赛开始研究。

师:看,这是丽丽和强强的三次投飞镖成绩,看看谁能赢? 你是怎么比较的? 用哪个数表示他们的水平比较合适?

生:丽丽40 40 40,强强60 60 60,他们每次投的环数相同,可以比较一次的成绩判断胜负。

生:也可以比较总分判断胜负。

师:看看壮壮的成绩。(依次出现)90 20 40,他们三个人谁能赢得比赛? 如何判断?

生：可以比较总分。

生：可以求平均数。

师：哪个数代表了壮壮的水平呢？

生：50。

师：你是怎样想的？

生：(结合统计图)移多补少(感受均差性)。

生：先求总和再求平均分。

**2. 主动获取、深度加工**

《义务教育数学课程标准(2022年版)》提出："学生的学习应是一个主动的过程，认真听讲、独立思考、动手实践、自主探索、合作交流等是学习数学的重要方式。教学活动应注重启发式，激发学生学习兴趣，引发学生积极思考，鼓励学生质疑问难，引导学生在真实情境中发现问题和提出问题，利用观察、猜测、实验、计算、推理、验证、数据分析、直观想象等方法分析问题和解决问题。"[①]因此，教学中要充分调动学生学习的主动性，把"要我学"变成"我要学"，努力为学生创设宽松、愉快、民主、平等、和谐的学习氛围，让学生真正成为课堂学习的主人。教学中要充分调动学生学习的积极主动性，为学生终生学习，后续发展做好奠基。

同时，教师要对学生的数学认知、数学思考进行引导和深度加工。引导学生把碎片知识串联化，表层思维深刻化。注重数学学习的本质，重点不是关注那些没有内在关联的碎片性的信息，而是要把重点放在有内在关联的原理性知识上。

例如，在四年级下册"平均数"一课的教学中，学生通过自主探究活动，研究如何求出平均数，学会主动获取信息，体会移多补少的方法在求平均数中的重要作用。在环环相扣、层层深入的投掷比赛中，通过学生的主动参与，教师引导，学生能够将信息与思考进行深度加工。他们知道了当份数不同的时候，求总数不公平，可以通过用平均数来表示和进行比较。他们知道了求平均数可以用移多补少的方法，也可以用总数除以总份数。他们知道了平均数并不是一个

---

① 中华人民共和国教育部. 义务教育数学课程标准(2022年版)[S]. 北京：北京师范大学出版社，2022：3.

真实的数,它代表的是一组数据的整体水平。他们也知道了平均数很敏感,会随着一组数据中一个数据的变化而变化,还发现平均数在最大和最小数中间等。在学生的小组合作与充分交流互动中实现知识的建构,从而促进学生对平均数本质的理解。

**【"平均数"教学片段二:初步理解平均数的意义】**

师:看了别人比赛,想不想自己试一试? 现在有 12 个签,请男生、女生抽签参加比赛。(抽签,12 个中 A 队 1~5 号,B 队 1~4 号,其余 3 个是空白签)

生(分 AB 队比赛,分小组记录成绩,一人在黑板记录成绩)

师:现在同学们想一想,算一算,哪个队获得了胜利? 你们是怎么比较的?

生:小组合作(答案出现两种:用总数比较,用平均数比较,各自表述理由)。

师:通过同学们的交流,我们发现:看来份数不同时,比较总数不合适,比较平均数更公平。把掌声送给冠军 B 队。

师:通过观察表格,你还能发现什么?

生:平均数不是他们中间的数。

生:平均数代表的是这一组的整体水平。

生:平均数不是真的每个人都投中了这些环数,只能是相当于……

师:比赛还没有结束,如果我们允许 A 队的同学重投一次,你们打算选择几号同学重投呢?

生(分别提出建议,选定一人重投)

师:同学们,大家猜测一下,如果他重投的环数与刚才不同,平均数会发生变化吗?

生:会发生变化,如果投的环数多了,平均数会增加。如果投的环数少了,平均数会减少。

师:同学们的猜测是否正确呢? 快速验证。

师:看来一组数据中一个数发生变化,平均数也会发生变化。

**3. 追本溯源,拓展延伸**

在数学学习中,注重挖掘本质,就要做到追本溯源,理解、掌握最核心的数学概念、数学思想和方法,同时注重学科的拓展延伸。展示数学应用的广泛性,还可以拓展数学文化,介绍数学发展的历史材料,如:通过七巧板、圆周率产生的史料介绍,使学生了解它们的历史渊源,丰富学生的知识,使学生意识到我们祖先有超强的智慧,增强民族自豪感。还可以欣赏数学美,增强美育渗透,使学生对数学学习产生兴趣,进而对数学学科产生兴趣,数学学习的情感也会受到极大的鼓舞。

例如,在四年级下册"平均数"一课的教学中,引导学生追本溯源,在活动中理解平均数的意义,了解平均数来源及产生,在平均数的学习与研究中尊重学生辩证思想和引导学生多角度思考问题。在练习中拓展平均数在生活中的应用,体现数学与生活的联系。

**【"平均数"教学片段三:实践活动,了解平均数的意义及内涵】**

师:比赛还没有结束,老师也想加入,加入哪个队合适呢?

生:B队,他们队少一个人。

生:B队,因为A队已经重投过一次……

师:老师投中多少环才能不改变B队的整体成绩呢?

生:与平均数相同。

师:投中多少环才能赢呢?

生计算、猜测。

师投掷。

师:同学们,不用计算,大胆猜一猜,现在B队的平均数有可能变成多少?理由是什么?

生猜测。

师:同学们的猜测都是有依据的,平均数一定在最大数和最小数中间。回顾我们刚才的飞镖游戏,你有什么思考与收获?

生:通过看强强、壮壮和丽丽投飞镖,我们知道了求平均数可以用移多补少的方法,也可以用总数除以总份数求出来。

生:通过我们两个队投飞镖,我们知道了当份数不同的时候,求总数不公平,可以用平均数来表示和进行比较。

生:我们知道了平均数并不是一个真实的数,它代表的是一组的整体水平。

生:通过*号同学重投,我们知道了平均数很敏感,会随着一组数据中一个数据的变化而变化。

生:通过老师的投掷,我们发现,平均数在最大和最小数中间……

上述课例,通过学生亲身经历投掷飞镖的游戏过程,使学生感受到平均数的意义和丰富的内涵,增强数据分析观念。在学生的小组合作与充分交流互动中实现知识的建构,从而促进学生对平均数本质的理解。通过真实情境、主动获取、追本溯源,使学生在实践中了解平均数的来源,理解特殊数据对平均数所产生的影响,体现辩证思想,尊重学生的多角度思考,构建了以培养学生学习能力为主要目标的育学课堂。

## 第四节　融合性学习 拓宽学习领域

### 一、融合性学习的内涵

广义融合性学习:针对教育教学领域中各学科课程间存在的对立问题,通过各学科间的知识关联互动提升综合能力,促进教师和学生之间的合作沟通,实现以人为本的生态学习模式。融合性学习涉及学习结构、学习内容、学习资源等各个方面,从而促进学习方式的变革。

狭义融合性学习:就是将两种或两种以上的学科,融合在一起来进行一堂课的教学。这样的融合对教师、学生以及教学活动都提出很高的综合性要求。这种融合并不是单纯的知识间的融合,而是要把知识当作一种传播的媒介和手段,进而使这样的融合性教学具有针对性和实践性,从而培养学生的学习观念和综合实践能力。也可以说,这种融合是将各种学习方法、内容、媒介、模式等与学习环境相融合,从而得到具有针对性和实效性的教学内容,进而达到最优的学习效果和经济效益。

在我们的现实生活中,一般不会将知识割裂、分离出来进行学习,它们都是相融合、相关联的。作为新时代的学生,不仅要面对当下的学习,更重要的是将目光放长远。面对未来,不仅要具备运用知识解决问题的能力,更要具有跨时代的创新精神。基于这种共识,融合性学习被逐渐引入到课堂教学的领域。它打破了各学科之间的壁垒,将各学科间的知识和思维方式融合在一起,形成贴近现实生活的问题。融合性学习包括:跨学科整合学习、项目式学习、实践性学习、主体性学习、STEAM 学习等。

## 二、融合性学习的实施策略

作为跨学期、跨领域的学习,选择适合学生年龄特点和认知能力的主题,以学科核心素养的落实作为主要目标,适时、适当地进行多学科融合,综合多种形式的学习成果展示方式,建立跨学期的融合性学习,致力于将不同领域的知识有机串联起来,改变各个领域知识之间割裂的现状,让学习变得有趣、好玩、有文化味儿。下面提出融合性学习的相关策略:

### (一) 以学生全面发展为目标

人的发展在本质上是一个自身不断自我建构的过程。作为学生,上学求教的本质是为了满足自身的发展和进步。融合性学习是以学生的全面发展和综合能力的提升作为目标,进而关注学生的文化基础、自主发展和社会参与,探索多样化的教学方式、富有层次和内涵的教学内容,为学生更好地发展助力。

### (二) 以所教学科为主线,多门学科融入

以数学学科为例,融合性学习是以数学学科为主,其他学科为辅,以落实和贯彻数学学科素养为终极目标。因此, 它以数学为主线,或明显或隐晦,贯穿于整个学习课程,但在课程进行的不同阶段,会有两种不同的呈现形式:第一以数学为主,其他学科为辅;第二以主题为主,数学为辅。两种呈现的方式是交叉出现的,都是以落实数学核心素养作为目标,相互联系,进而完成融合性学习的实施过程。需要了解的是,不是所有教学内容都适合开展融合性学习,这需要教师对学习主题或项目进行筛选,去筛选那些可以实施的内容。只有兼顾文化基础、自主发展、社会参与、建立起跨学期的融合性学习,并且能够做到关注学生学习的联系性、完整性和系统性的融合性学习才是我们真正意义上所需要的。

### (三) 关注联系性,多元目标支撑

建设跨学期的融合性学习要关注联系性,其中包括学科本位知识之间的联系和不同领域知识之间的联系等;学科之间的联系,如数学与语文、科学、美术、历史、建筑、戏剧、服饰、信息技术等学科的联系;与生活的联系,每一环节都设置与之对应的教学目标,并辅以多元化的评价策略,最大限度地激发学生学习

的兴趣。

### （四）长线融合，科学架构

跨越整个学期的或多个学期融合性学习，串联整册书或多册书的学习，让学科项目或主题成为全册书学习的黏合剂，创新教学方式和知识连接形式，为串联不同领域知识提供一种新的方式，让单元与单元之间发生联系，知识之间产生联系，使学生从小建立起全面、完整、系统的知识网络结构。这种融合性学习显著特点是长期的、系统的、持续的、一以贯之的。

## 三、融合性课程的开发与实践

本部分内容将结合四年级下册"口罩的学问"的创课经历，分别从逻辑意义、学习意义、生活意义三个层面进行逐一说明，以供同行参考。

### （一）"口罩的学问"——找寻融合性学习的逻辑意义

"对于口罩，你了解吗？你愿意去探索关于口罩更深层次的知识吗？这个距离我们很近的生活用品到底还有哪些奥秘呢？"从实际问题出发，选择"从哪里跨出去"，决定了整堂课是否站得住脚，是否具备教学展开的逻辑意义。

#### 1. 向内聚焦，梳理素材"要学习什么"

通过调查问卷，学生选择自己感兴趣的项目小组，然后项目小组合作对此问题进行调查研究并在老师的指导下形成方案，最后进行项目小组成果展示、总结与评价。采用自主选课题、"自主＋探究"的主题学习模式。

多学科融合，打破学科壁垒。我们可以根据数据信息了解人们对于口罩的各种需求（数学知识），通过动手做一做、画一画助力口罩的实践（综合实践和美术知识），了解口罩的发展历程（历史知识）、探究口罩的内涵（科学知识），让我们清晰地看到口罩的变化全过程（语文表达），最终制作出属于自己的口罩。

#### 2. 向外发散，围绕教材"还可以讲什么"

关注生活、关注现实、关注历史可以将融合性学习的视角变得更加广阔。例如，可以让学生去探讨口罩与哈尔滨的关系。如果学生没有找到合适的点，就可以让学生再搜一搜，从而找到百年前对东北防疫做出巨大贡献的伍连德在哈尔滨发明简易口罩的历史故事。

顺着研究逻辑,一路生发下去——没讲的,再拓展一些;讲到的,再深入一些;次讲的,再补充一些。正所谓"思路决定出路",在头脑风暴中发现学科之间的共通点,找到知识之间的关联处。在口罩内涵中挖掘更多知识。各个"小创客"要以小组为单位,对口罩的结构和材料进行深入挖掘。

**3. 就近遴选,基于学情"最应当讲什么"**

探究数据中看口罩:学生们以口罩为线索,去观察社会,他们从小小的口罩中看到了什么是社会责任,什么是见利忘义。他们通过口罩学会思考、学会分辨,从口罩的探究中感悟做人的道理。

通过"向内聚焦——何外发散——就近遴选"三步思考,最终把目光锁定在"口罩的学问",在课本知识与现实情况基础上,进一步研究口罩的制作。

## (二)"口罩的学问"——找寻融合性学习的学习意义

确定了教学起点,随后决定教学内容。一方面,我们要打破学科之间的壁垒,了解不同学科对同一知识的不同呈现,把其他学科学到的东西放到教学场景中让其再度相遇,让已有的知识经验激活大脑的更多联系,进而进行更充分的学习。另一方面,我们也要考虑学段之间的衔接,尊重已有的知识序列。对于已经学会的不重复教学,以后学的不提前教学,让跨学科的脚步停留在当下,在知识的空白页和缺角处"打补丁",进行更深度的学习。

## (三)怎么学——找寻融合性学习的生活意义

有了内容更为明确的"知识清单",最后解决"如何执行"的问题。融合性学习的核心特征是综合运用不同学科的知识以解决实际问题,因此一个高质量的问题,是驱动课堂的关键所在。一方面是口罩的历史发展,一方面是口罩引出的社会问题。

**1. 数据中探寻口罩**

学生们通过网络查找资料,利用学过的数理统计知识,将我国口罩的生产轨迹进行整理,明确我国是世界上第一口罩出口国。虽然我国目前有很多口罩生产线,但是既要满足内需,又要出口去帮助一些有需要的国家,因此我国生产口罩的压力是比较大的。

学生们以口罩为线索,在调查统计的过程中深刻认识到"岁寒知松柏,患难见真情"，从世界的角度认识到"团结合作是最有力的武器"。

### 2. 探究口罩在将来的发展

在探究中学生不仅挖掘到表面的知识，还了解到关于口罩所引出的社会问题以及负面问题。同时，学生也陷入思考：未来的口罩会是什么样子？怎样更加合理正确的佩戴口罩？怎样改造、设计口罩？怎样正确无污染地处理使用过的口罩？尤其是面对口罩市场的真假难辨，更需要我们充分了解口罩的各个环节，为我们以后正确选择口罩奠定基础。

### 3. 探寻口罩制作

利用微课资源，进行课堂项目化的理论学习。学生一起探究口罩的设计和改良。在和孩子们的共同探讨下，积极思考、努力探索、创新实践。

融合性学习的课程特点是以学科为主，贯穿整个学期，打破以往课程的缺点，突出学科核心素养。融合性学习不是面面俱到，不是为了融合而融合。融合各个学科是为了让学习更形象、更生动、更有趣味、更有韵味，帮助学生更好地理解学科本质，注重学科本位知识的传授，且注重单元之间的联系和不同领域知识之间的联系。这种融合各种资源所进行的教学，能让目标落实得更扎实，能够克服以往短期课程的缺点。此外，这种跨学期的融合性学习是与学生每一天、每一周、每一个月、每一学期的学习、生活紧密联系的。融合性学习的课程素材和灵感均源于现实需要，这种基于真实问题，进而产生思考并灵活解决现实中的生活问题的学习方式，能有效提升学生解决真实问题的能力和综合素养。

这种跨学期、跨学科的融合性学习有助于教师更好地落实数学核心素养，为综合实践课程的构建提供新的思路，不拘泥于本位知识"精打细算"的引入，而在于在合适的阶段以合适的方式引入各个方面的知识，满足学生的需要，适应时代发展背景，培养与时俱进的学生。此外，教师从更高位的视角去融合课程，主题性更加鲜明。因此，我们选择这一课题进行研究、探索，以期为其他教育工作者提供一些经验。

综上所述，在时代背景下应运而生的融合性学习，是对老师和学生们的一个重大挑战。无论是融合的形式、融合的内容，还是融合的手段，都是在课程思维的基础上构建新的课堂，为学生综合能力的提升打下坚实的基础，也为解决现实生活中的问题而做好准备！

# 第四章
# 关注高阶思维 构筑课堂之根

《义务教育数学课程标准(2022 年版)》准确阐明了数学素养的重要地位。数学素养的外在表现是数学知识的运用,而内在价值则是数学学科的思维能力和创新能力的培养。育思,即培养学生数学学科的思维能力。它包含的内容如下图所示:

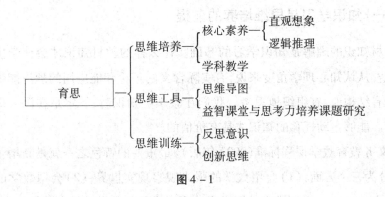

图 4-1

## 第一节　高阶思维培养

### 一、高阶思维的内容

所谓高阶思维,是指发生在较高认知水平层次上的心智活动或认知能力。[①]表现为分析、综合、评价和创造,也表现为对问题认识和思考的深度、广度和高度。在教学中不断地通过教与学的活动触发学生的深度思考,从而引发高阶

———————

① 潘建中.凝练教学风格[M].北京:北京理工大学出版社,2018:176.

思维。

　　学生的学习不是直接被灌输和攻读知识的过程,它是推进学生思维能力、多方面发展的过程。在教小学数学内容时,技能的训练与思维能力的培养是紧密相连的。在这里,我们首先应该思考的是:学生的思维是怎样产生的? 其实也就是学生会怎么想问题。一般来说,我们想问题都是要有一定的基本原理、基本概念来支撑的,而学生的这些基本原理、基本概念就来源于我们的教材知识体系。我们在思考问题的时候,因为个体的知识储备是不同的,因此就会存在每个人不同的个性理解。我们每个个体又都是处在不断地学习、获取知识的过程中,知识的储备也是在不断变化的,因此在我们汲取新知识时,就会带给我们一些需要思考的问题。而我们的学生,他们的基础知识、基本技能又都是以教材为基准的,所以培养学生的思维以及他们对于学科知识的理解就显得尤为重要了。

## (一)知识学习是思维培养的前提

　　教材知识的理解是知识学习的基础。什么样的教材知识才会让学生产生思考呢? 从认知心理学角度来说,有实际含义的理论和能应用的理论能够帮助学生们有结构地、有组织地思考。我们在教学生知识时,一定是在深入理解的前提下。能够主动迁移的知识才是有价值的。

　　《义务教育数学课程标准(2022 年版)》最重要的特色之一就是新增了核心素养,分为三个方面:(1)会用数学的眼光观察现实世界;(2)会用数学的思维思考现实世界;(3)会用数学的语言表达现实世界。数学教材内的知识点很多,如果你把这些知识点看成是点状的,你学到的知识就是零散的、割裂的,因此,应该用"大单元思维"或是"结构化思维"来破解问题。在这里以结构化学习提升学生思维能力为例:

　　结构化的理解与链接中的迁移在这里的核心词为:理解与迁移。在小学阶段数学的学习中有许多概念的讲解,对这些定义的理解应为学习者搭建起认知结构及系统。在此基础上,学生遇到问题才能举一反三,去破解问题、形成新知识,这就是我们说的迁移。因此,只有结构地、深度地理解概念意义,才会做到理解后的主动迁移。这就是我们想要表达的会学,这是我们课堂的根。

　　以哈尔滨市兴华小学校孙晶老师二年级上册"乘法的初步认识"这节内容

的两个示例对比来说明两个问题:第一,学生应该获得什么样的概念或理解;第二,何为数学的本质。

表4－1　"乘法的初步认识"课例

| 课例一 | 课例二 |
| --- | --- |
| 活动:如果一个人吃两个苹果,那么一户三口一共吃了几个苹果?<br><br>生1:2＋2＋2<br><br>生2:3乘2<br><br>生3:二三得六<br><br>师:2＋2＋2＝6观察每一个加数都选取2,那么当加法算式中加数都一样时,计算可以用乘法来解决,可以写成2×3＝6或3×2＝6。这是"×",乘号前和后的数都叫乘数。 | 活动一:<br>　　学生在教师的指导下,在1分钟内用小棒摆放同一种图案,观察哪位同学放得多。<br>　　请同学说说,总共需要多少根小棒才能摆放出这么多的图案?<br>　　学生摆的是正方形,汇报4＋4＋4＋……(其他同学着急,你告诉老师,一共有多少个"4"?)<br>　　师:15个4加在一起算很麻烦,那这个问题怎么解决呢?(当学生们渴望知道这道题的答案时,揭示本课中心,利用乘法去答疑解惑)<br>　　有学生问6＋6＋9能用乘法解决吗?(学生说你摆错了,老师让摆一样的图形)<br>　　活动二:建立概念后,老师让学生抛出新的问题。<br>　　生:乘法和加法有关系吗?<br>　　生:刚才的乘法算式怎么算?<br>　　生:刚才列出的加法算式都可以转化成乘法来解决,列出的所有乘法也都可以转化为加法算式来解决。<br>　　(课上问6＋6＋9的学生课后找到老师说,我可以这样看2个3,2个3,3个3,一共就有7个3) |

根据布鲁姆教育目标分类中所提出的知识四个维度:

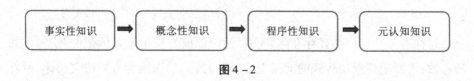

图4－2

我们来看课例一中对于概念的理解停留在告知水平,就是学生的学习过程停留在事实性知识层次。而课例二中,将1分钟摆放图案的游戏场景抽象成数字"4"——抽象成意义为"15个4"。在"太麻烦"的问题亟须破解的情况下,产生了认知冲突,从而形成新的方法和思路,这就为乘法的产生提供了必要条件和感性经验。基于理解基础知识的获得即达到了概念性知识层次。学生再提出乘法与加法之间的相互关系,就是一种理解后的链接与迁移,形成解决不同问题的方法和策略,这种思维就达到了程序性知识层次。学生在对问题比较、辨析的过程中,基于对核心概念理解后的加工与创造,学生想到把不同的数据进行加工与重构,即把6+6+9变成了7个3,这就是学生形成元认知知识层次的一种表现。

同样对一个核心概念进行学习,学生理解的深度就影响着将来他自己是否能够独立思考,是否能用他所建构的元认知去破解他没有见过的问题。基于这种理解下的"学习力",对于学生的终身成长具有巨大的支撑作用。这就是我们想要表达的"会学",即以书本知识为载体,让学生在接受知识的过程中,在老师呈现的"大的拥有挑战性的真实主旨"下,在迫切解决问题的需求下,在发现、对比、分析、探索中产生自己的思想、体验和理解,从而形成方法和策略,形成理性思维,乃至理性精神。

何为数学的本质呢?

这里所说的数学的本质就是在课堂教学中,我们应该把握数学学科的知识本质,了解学生的认知特点和遵循教学规律,从而展开深度学习。我们在教学中应当找准新知识的生长点、学习的起点,突出教学的重点,突破教学的难点,厘清教学的疑点,激发学生主动学习和自主探究的欲望,引导学生在合作交流中,提升对知识的理解和解决问题的能力,在学习过程中发展学生的学科核心素养。

我们仍以"乘法的初步认识"(如图4-3)一课为例,教师在思维的呈现方式上一般都是:先用加法来解决——几个几(意义表达)——乘法表达(如图4-4)。

这样的一个思维路径存在问题吗?记得以前教材中重点标记份数、每份数和总数,需要记住乘法算式的前面先写"每份数",后来因为有乘法交换律,所以这种要求就去掉了。

### 1. 乘法的初步认识

 （1）小飞机里共有多少人？

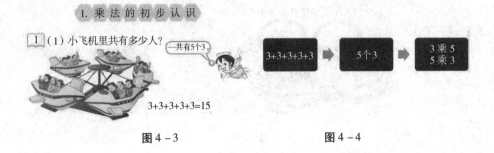

3+3+3+3+3=15

图 4 - 3　　　　　　　　　　　图 4 - 4

在这里我们说每份数的理解,真的不重要了吗？它很重要,原因有二:其一,我们要说一下乘法的本质。乘法是求和的,求的是相同加数的"和",而这里的相同加数即为"每份数",从加法到乘法的突破是加法以计数单位的累积和叠加(如图 4 - 6)。

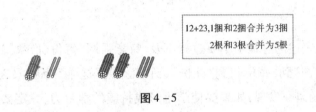

12+23,1捆和2捆合并为3捆
2根和3根合并为5根

图 4 - 5

而乘法,它是以任意"相同数"累积,(如图 4 - 7)就以若干个"3"累积。而乘法的口诀就为这里的累积和叠加提供了可快速得出结果的可能。显然这里的"每份"是"基数",对于它的认识和获取很重要。其二,四年级教材中的"单价、数量、总价""速度、时间、路程",五年级上册"植树问题"中的"每段、段数、总长",这些数量关系的核心,其实就是"每份、份数和总数"。基于此,在二年级学习中在"每份数"这里稍稍驻足,对"每份数"加深理解是有价值的。所以,在此部分的教学时可以做两件事:

一是看图时,边数,边圈画(如图 4 - 6),强调每一份是多少？

图 4 – 6

二是思维路径的表述(如图 4 – 7):

图 4 – 7

当然,在表述的过程中不要过犹不及,特意强调"每份、份数"这样的名词,而需要由"整图"到"每份"、到"几份"、到"几个几"这样不断抽象、提取的过程。基于此课例的研究发现,如果要使学生形成持续的学习力,一定要在学生建构概念之初就抓住知识的本质,为学生做好持续学习的思维支架及思维路径的引领与铺垫。

显性知识和默会知识是在波兰尼的"知识的冰山模型"中所提到的。显性知识,其实为教材内容所表达出来的基础理论技能;默会知识是在理解知识、形成技能过程中获得的经历、体验和感悟,这些能力是具有迁移能力的,它包括逻辑思维能力、独立思考能力、理性探索精神、科学研究的意识和品质。这种理解和迁移都是在课堂学习过程中、在老师潜移默化的影响下形成的,而这些即是学生终身学习和发展的动力源泉。

结构化的理解与链接中的迁移是学生会学习的"根",是我们备课的起点及提升教学效益的落脚点。我们必须存储一个基本元素,让学生能够在这样的一个基础上学会思考。

## (二)学会思考的路径是高阶思维形成的基础

学生在学习过程中对理论要点进行加工、消化、吸收,才能内化、转化、升华为素养。以教材为蓝本,以结构化的视角去学习知识,学习一些基本原理。学习过程中不仅要学会思考,还需要关注如何思考,也就是思考的路径问题。真正的学习必须经历真正的学习活动,也就是说,学习活动是知识转化为素养的渠道。

指向思维的真实学习的表征为:经历问题生成、推理、思辨、实践、思维转化、问题解决。课堂教学中有三种思维:一个为专家思维;一个为学习者的思维;一个为老师的思维。老师要培养学生具备理性思考问题的能力。真正的学习不是讲课,而是传授学生学习的方法和知识的本质,这是一个从表层至深层、从浅显至深入的研究过程。

学生学习知识首先要以结构化的视角进行思考,学习的知识一定是有联系的、有组织的。要让学习者经历搭建理论知识的这种历程。例如,在教学三年级下册"年、月、日"一课时,如果直接告诉学生所有月份分别都有几天,大月有哪些,小月有哪些。试想,这个知识点学生是不是真正理解到位了? 很显然没有,那这样的学习就是没有经历知识的建构过程。如果我们创设故事情境,了解罗马的执行官恺撒制定历法的过程,充分了解 30 天、31 天、28 天、29 天设置的来历,这种经历知识的建构过程,学习的效果是不言而喻的。所以说一定要让学生在问题发展过程的经历中体会知识产生的过程。

## (三)找准思维培养的支架,促进高阶思维的形成

在学生高阶思维培养的过程中,实际上是有经验的累积,就是它是有支架的,这个支架包括内容的支架,方法的支架,路径的支架。

内容的支架。例如,在教学四年级上册"三位数乘两位数"时,内容的支架就是"两位数乘两位数"。如果清楚"两位数乘两位数"的计算算理,在学新课的时候,学生非常容易产生迁移,然后自己通过原有的这样的一个知识储备去解决新的问题。基于此,可以理解为我们在学习知识的时候,每一部分的学习都是在原有知识基础之上。由此说明,知识间的学习应该是结构化的、系统化的。

方法的支架。实际上是我们在解决问题的时候,可以利用这种方法去帮助思考。例如,解决问题中我们采用摘录的方法去分析,摘录题目中已知条件及问题,从而进行关系梳理。遇到不会的问题,可以用图示模型去解决;可以用小

棒模型帮助退位,理解算理。这些数形结合的方法,让数的抽象寓于形的载体,运用直观的载体理解数学就比较容易。

路径的支架。例如,在学习"行程问题"时,速度、时间、路程的路径和我们二年级学的份数、每份数、总数的路径是一样的。也就是说,这个路径属于具有相似的知识结构、相似的课堂呈现方式、相似的思维结构,即属于同一体系的知识,它的思维路径是一样的。那么解决这一问题时,我们要想到,每份数、份数和总数的关系到底是什么。找到这种路径支架后,将新学的知识与原来学的知识进行关联,使得这个体系的知识丰富起来,才能游刃有余地去解决五年级的植树问题。在学习植树问题时,在原有的基础上,某些地方发生了调整和变化。因此让这个复杂的知识与原有的知识进行关联,可降低学生学习的难度,同时让学生经历这种无界限的思考过程。

## (四)优化学习过程提升思维品质,形成高阶思维

学生的高阶思维还体现出一种意志品质。生活中发现,许多家长、老师评价孩子,不乐于思考,懒惰。分析其原因,首先是孩子前面的知识存储限制了他的思考,他没有经历知识的这种关联的过程,他不知道怎么去关联,他没有支架,所以他就不会思考。如何会思考呢?前面的几点如果做到,慢慢就形成了基本的活动经验,从而形成方法。除此之外,最关键的是教师要经常设计一些融合性课堂情境,调动学生多种感官参与,让学生在这种真实的、有挑战的、有趣的情境中,借助原有的知识去解决问题。通过有实际内涵的载体,让学生得到意志品质的熏陶。

教无定法,贵在老师善于不断学习、潜心研究、敢于创新。不同的课型有不同的教学模式,教学方式方法也有所不同。对于老师而言,能够在数学课堂中构建适合学习问题的环境,能提高学生的学习兴趣,能及时给学生提供学习帮助,能引发学生的独特思考,能激发学生的批判性、创造性思维,就能让思维课堂发展到位,就能发展学习者的核心素养能力。

## 二、高阶思维的培养策略

在小学数学教学中,数学思维可以帮助学生们走进数学的世界,进而发现其中的奥秘与乐趣。也可以理解为数学教学的过程就是培养学生思维的过程。

恩格斯说:"思维是地球上最美丽的花朵"。在教学中,老师应该全面掌握各种教学方式,让学生一直保持高度的热情,那么学生和数学之间就会碰撞出新的火花。赞可夫曾说:"教会学生思考,这对学生来说,是一生中最有价值的本钱。"数学课上,我们首要的任务是教会学生思考,让他们乐思、善思、会思,从而形成主动思考的意识,那么当他们再遇到问题的时候就会主动积极地去思考解决问题的对策。下面根据教学中的案例谈谈培养高阶思维的发展策略。

## (一)在多种实践活动中落实学科核心素养,培养学生思维能力

《义务教育数学课程标准(2022 年版)》中指出,"核心素养主要表现为:数感、量感、符号意识、运算能力、几何直观、空间观念、推理意识、数据意识、模型意识、应用意识、创新意识。"[①]教师在教学中要思考:要落实哪些学科核心素养?怎样落实? 任何一个知识点、解决问题的思路和策略都与数学思想紧密相连,密不可分。新课改理念下的教学,教师不仅要使学生学会知识,更重要的是让学生学会方法,从而使学生达成掌握思想方法、发展数学思维、提高学习能力的最终目标。

"数学来源于生活,又应用于生活。"因此为了让一节数学课魅力四射,促进学生的发展思维,养育出对社会有价值的优秀人才,一定要在日常生活中熟练运用数学教学。

## (二)在趣味游戏中灵动思维,使趣与智有机结合

小学数学教学的重点是激发学生兴趣,培养良好习惯,开发认知潜能,让学生在感知数学之乐趣、领悟数学之内涵、体味数学之魅力中提升思维能力。数学游戏可以使数学教学更具趣味性、丰富性、开放性,可以为小学数学课堂注入新鲜的血液,以落实对学生思维能力的发展与实现核心素养的培养。

老师要精心设计游戏难度,要符合每个阶段的学生,所以创设游戏课堂是要多方位考虑的。比如,对于一、二年级的学生,设计游戏的难度要稍微降低,这样才能引发学生对课堂的兴趣,积极有效地参与到课堂中来,从而提高数学课堂的教学效率。

①  中华人民共和国教育部. 义务教育数学课程标准(2022 年版)[S].北京:北京师范大学出版社,2022:7.

再比如,教学四年级下册"三角形的分类"时,可以设计"猜一猜"的游戏,在信封里面装上不同形状的三角形,然后只把一个角留出来,引导学生思考它是哪一种三角形。这样的设计既丰富了练习题,又特别加强了学生对三角形特征这部分知识的认识。

相反,面对高年级的学生,应设计一些相对比较有难度的游戏。因为高年级的学生都想表现自己,没有难度的游戏是没有办法吸引学生的,所以只有有难度的游戏才能在课堂上抓住学生的注意力,让整个课堂活跃起来。

## (三)利用思维工具,培养学生思维能力

根据不完全统计,小学阶段需要学生掌握的数学概念多达500余个。针对零星散乱的数学概念学生一定要拥有相对成熟的知识体系,不然这么多的数学概念都是零散的。利用思维导图可以非常有效、快速地让学生掌握知识,弄清其真正含义。

在新课的学习时,可以利用思维导图帮助学生理解抽象概念,在复习课上用树状图、条形图、线形图等帮助学生概括总结规律。学生通过绘制思维导图归纳知识点,可以锻炼自己的逻辑思维和发散思维。老师可以让学生根据思维导图复述内容,不仅可以加深学生对这部分知识的理解和记忆,还可以锻炼学生的语言表达能力。老师能根据学生对思维导图的复述,了解到学生对这部分内容的熟悉程度,以便进行下一步教学。像思维导图这样的思维工具可以让学生们的想法跃然纸上,深化开发学生的形象思维和逻辑思维,还能培养学生的创造性思维。

例如,在教学"十六宫格"这款益智器具时,学生了解十六宫格的游戏规则后,没有仔细观察数的特点,就迫不及待地去尝试操作,这时学生们的思维处于迷茫状态。有的学生先把每行的数凑成34,再改变列,使列的和也是34,最后发现对角线上的数字之和不是34。还有的学生因为数比较多,在拼摆的过程中缺乏耐心而毫无头绪拼摆,所以老师可以在这里设计有效活动促进学生思维的发展,可以依靠思维导图来发展思维能力。让学生站在知识体系的高度,去思考、去学习,这是高阶思维能力的外显,可培养学生持久的学习力和思考力。

## (四)利用学科间的融合开放思维,触发多元思维

在数学课堂上,老师要兼顾教书及育人两方面。因此要把教学内容之间的

关系紧紧串联在一起,不要用"学科逻辑"限定学生们发展的方向。要多尝试打破体系化的学科知识壁垒,开放学生思维,触发多元思维。

例如,在教学六年级上册"圆的认识"一课时,首先让学生观察平静的水面上被丢进一颗小石子后产生波纹的动态演示,学生会不由自主地发出惊叹。随后播放夕阳照射下的向日葵、广州的铜钱等图片,让学生进入圆的教学环境中,产生想了解它、探索它、挖掘它的欲望。在画圆的过程中让学生体会"没有规矩,不成方圆"的人生哲理。学生在认识直径、半径等概念之后,课件播放《墨经》中"圆,一中同长也"、《周髀算经》中"圆出于方,方出于矩",借助图片帮助学生消化、理解所学知识,打通知识间的联系,不仅激起了学生的民族自豪感,而且渗透了极限思想,提升了学生的数学想象能力。最后,出示平时见到的圆形拱桥、与圆形有关的世界建筑,再谈我国的中秋节,以及古代的钱币中圆所蕴藏的深刻含义,从而让学生更加喜欢去探索圆的世界。这样谈古论今,将自然、社会、美学、数学、历史等领域间知识相联系的课堂会让学生铭记一生。

## (五) 在把握知识的本质时提升思维,形成良好思维品质

要依赖感悟与思维去形成数学素养,而不是简单地记忆与理解。所以,作为老师应该及时提炼到知识的本质,创造合适的教学情境,启发学生思考,让学生在掌握所学知识技能的同时,也能领悟到知识的来因去果。

"鸡兔同笼"的问题想必大家都听过,教材中很细致地讲解了几种典型解法及实际应用。在教学四年级下册"鸡兔同笼"复习课时,学生已经掌握一些常用解法,他们习惯用算式法和方程法,不太喜欢用画图法和枚举法。很多学生认为每一种方法都是独立的,所以在教学时可以设计分类环节。多数学生会把枚举法和画图法分为一类,算式法和方程法分为一类。当有人把枚举法和算式法分为一类,画图法和方程法分成一类时,其他学生都很惊讶,为什么要这样归类? 原因在于,枚举法和算式法其实有异曲同工之处。画图法、枚举法是基础,而算式法和方程法是拓展,可以理解为一个是基础版,一个是提高版。枚举法是算式法的一种具体表现,算式法是对枚举法的进一步抽象及升华。两种方法虽然不同,但是道理相通。学生通过回顾"鸡兔同笼"问题的一般策略,感悟不同方法之间联系的同时把握了知识的本质。最终,在各种方法的贯通之间实现思维的"新"高度。

### （六）关注编程思维训练，培养学生的思维能力

如今，很多学校都开设了计算机编程课程。在计算机程序设计中，思维能力主要包含深刻性、严谨性、机动性、敏捷性、创造性五个方面。我们将计算机编程课程的思维运用到课堂学习和思考中，就形成课内、课外思维能力培养的有机整合。随着 AI 的普及、代码与数学的高度融合，更体现了数学学习的价值，因此培养具有数学思维品质、思维习惯、思维能力的学生是面向未来的根本任务。

总之，在数学教学中培养学生的高阶思维能力是一个复杂的系统工程。在知识快速发展的今天，教师要教给学生的不仅是知识，更重要的是要让学生学会思考、学会分析，并应用学到的知识去解决实际问题。作为一名数学教师，要尽可能地利用现有条件为学生创设一个广阔的、无限的思维空间，使学生的高阶思维能力得到快速发展。

# 第二节　思维导图助力思维发展

《义务教育数学课程标准（2022 年版）》强调："数学素养是现代社会每一个公民应当具备的基本素养。数学教育承载着落实立德树人根本任务、实施素质教育的功能。"①数学素养不仅包括传统的计算和推理能力，而且包括运用数学思维、观点和方法去分析和解决问题的能力。思维导图作为一种教学的辅助工具，同时更是作为一种思维工具，教师将其运用到小学数学教学活动中对学生思维的发展具有积极的作用。

## 一、思维导图与小学数学教学

思维导图最早是由英国著名的教育学家、心理学家东尼·博赞提出，它是一种可以有效表达思维的工具，被称为是二十世纪以来最杰出的一种思维表达模式。思维导图让大脑能够进行发散性思考，它通过模仿人的大脑神经网络放射结构来构建思维路径，可以让认知结构变得可视化，让大脑的思考过程外显

---

① 中华人民共和国教育部. 义务教育数学课程标准（2022 年版）［S］. 北京：北京师范大学出版社，2022：1.

化。思维导图是通过使用关键词或图像刺激大脑进行发散思维,并将内含于大脑内的隐性知识以视觉可视化的形式表现出来的思维工具和技术工具,它是对思维过程进行引导和记录的工具,也是一个可以实现回放的工具。

小学阶段的学生智力尚处于发展的阶段。在这个时期,他们的认知方式是逐渐由感性认知转向理性认知的。随着学生年龄的增长,他们的思维逐渐由具体思维向形象思维过度,学生的注意力会逐渐从直观走向抽象,感知由浅层走向深层。思维导图符合学生学习数学时的认知特点,能够把抽象的知识借助图像以及色彩呈现出来,以直观的形式应用到教学活动中,与学生的认知特点非常吻合,能够很好地帮助学生建立新旧知识之间的联系,及时理清解决问题的思路,并且可以向学生展示或由学生来展示自己对于问题思考的全过程及结果。思维导图有利于帮助学生掌握知识,解决问题,提高学生自主思考意识,培养学生的创造性思维。

## 二、思维导图在小学数学教学中的应用

思维导图具有形象、直观的特点,能够整体提升学生对数学知识认识的系统性以及全面性。思维导图的应用能够聚焦学生的思维。在具体应用中,思维导图往往是以中心词作为基点来逐级分散的。学生利用思维导图来学习数学知识,能够明确整个系统知识的中心词汇,这便于他们精准把握现阶段数学学习的核心与关键。思维导图的应用能够体现学生思维的层次化。在小学数学学习过程中,学生可以将自身对于数学知识的理解以思维导图的方式体现出来,同时通过不断的分支与扩散来形成逐步扩大的知识体系。因为不同学生具有不同的认知差异,所以他们可以结合自身的数学学习水平,实现数学知识的无限扩展。

### (一) 思维导图——激发学习兴趣的工具

思维导图的应用能够充分利用学生的形象思维,降低小学数学知识点的整体难度,帮助学生快速消化和吸收不同的数学知识点。在思维导图绘制的过程中,教师应明白学生是主体,他们可以按照自己的兴趣爱好或者按照自己对图形的认知与理解来选择思维导图的图谱。学生还可以为思维导图来进行着色或者绘制图案,这种行为本身就能够营造出一种轻松活泼的课堂氛围,激发起

学生的学习兴趣。

小学阶段的学生具有好奇心强、注意力不集中的特点。在数学的教学过程中,教师创建一个生动的教学情境,可以很好地激发学生的学习兴趣和欲望。思维导图的核心是中心主题,即中心图,它是思维导图的焦点,所以在绘制的时候要选取与主题内容相关的,便于学生直观理解与记忆。这样的方法适合于低年级的数学教学中。

学生在课前预习可以采用思维导图的方式进行,能够帮助学生加深对知识点的了解,同时也激起学生在课堂上学习知识的兴趣。

例如,在教学五年级上册"循环小数"这节课前,教师可以让学生先预习,引导学生用思维导图的形式把预习的内容呈现出来。学生根据自己对知识的理解和分析勾画出思维导图。思维导图建构包括色彩和线条,鲜艳的色彩和美丽的线条会给学生一定的刺激,激发学生学习兴趣。通过课堂上的知识建构,学生们理解了循环小数的特点,掌握了循环小数的标记方法和分类,随后就其思维导图进行补充和调整。

利用思维导图预习新课,可以激发学生的学习兴趣,从而积极主动地参与学习活动,提高课堂效率。

## (二)思维导图——培养创新思维的工具

小学数学的教学过程是一个以发展思维能力为核心、促进学生素质全面发展的育人过程。思维导图是将多个看似零散的知识点按其内在的联系联合在一起的,绘制思维导图是将这种内在的联系用思维导图的形式清晰地表示出来。学生对知识有效地进行加工整理,可使知识结构更清晰。

例如,在教学四年级上册"三位数乘两位数的笔算乘法"一课时,先回顾两位数乘两位数的笔算乘法的计算法则,然后再对三位数乘两位数的计算方法进行探究,归纳总结出笔算方法后,学生通过思考构建各自的思维导图。在思维导图的引导下,学生通过与前序知识做对比,总结并提出规律,即四位数乘两位数的计算方法和三位数乘两位数的计算方法是一样的。在对比后,教师引导学生尝试做题进行验证。经过学生之间的互相启发,每一位学生的思维都得到了进一步提升,从而大胆提出任何多位数乘多位数的笔算乘法都可以按照三位数乘两位数的笔算方法进行计算:用第二个因数哪一位上的数去乘第一个因数,积的末位就要和哪一位对齐。如果遇到第二个因数比第一个因数位数多的情况,可以交换两个因数的位置,以便于计算。

在思维导图的帮助下,课堂知识进行了延伸,学生的思维得到了发展。

教学实践中制作思维导图的过程其实就是学生进行创造的过程。学生在小学阶段拥有较为宽泛的想象空间,可以根据自己的爱好来主动设计符合条件的思维导图。在思维导图的制作过程中,学生要进行大量的思考,会在头脑中萌发各种新的想法,且学生在构建成自己的思维导图之后,与他人的思维导图比较时,还会有新的想法出现,有利于培养学生的创新精神和实践能力。

### (三)思维导图——知识整合的工具

心理学研究表明:实现数学知识理解的重要标志是让学生在一定的知识系统中明确知识之间的联系。[①] 在教学中,教师引导学生通过不断地归纳整理,使所学知识形成一定的系统是加深数学知识理解的一条重要途径。

在整理复习课上,学生常用思维导图总结数学知识。学生通过对已学知识的梳理总结,深化了对知识的理解和掌握,并建立起这部分知识的框架。

例如,对四年级上册"大数的认识"这一单元知识进行整理和复习时,学生在利用思维导图进行整理、交流讨论时发现"亿以内的数"和"亿以上的数"的读法、写法、大小比较的方法、改写、求近似数的方法都基本相同。于是,学生们调整了思维导图的几个点,他们重新进行了思考,找到了知识间的新关系,更好地掌握了知识点。通过复习课上的交流讨论环节使学生之间的思维能够进行激烈碰撞,通过互相合作的形式促进全体学生数学思维的发展。

总之,利用思维导图,不仅可以对知识进行梳理和复习,还能对知识进行新的思考、创新,从而增加新的思考内容和解题方法,为后续学习打下良好的基础。

## 三、思维导图在小学数学教学中分年级段的实施策略

小学生的年龄特点决定了教师在小学数学教学中进行思维导图运用的时候要遵循几个环节。学生首先要认识思维导图、会看思维导图,然后才能制作

---

① 罗利川.浅谈小学数学教学中的知识整合——抓住实质 灵活简算[J].科学咨询(教育科研),2011(3):67.

思维导图,所以在小学不同的年级段进行思维导图的教学要注重不同的侧重点,这样才能激发学生的兴趣,让学生的思维得到发展。

### (一)低年级学会识图

小学一、二年级的学生,根据他们的具体学习情况和思维发展的水平,在思维导图的教学中应该重点放在教会学生识图,也就是让学生逐步了解思维导图,会看思维导图,大概能讲解和交流思维导图展示的知识内容。

在这个阶段教师为主导,在课堂上可以运用板书的形式,根据课程内容呈现简单的思维导图,讲解有关"中心图""一级分支"的知识,指导学生根据思维导图说说知识的结构,促使学生简单地进行讨论、交流,能提出一些自己的想法和观点。

### (二)中年级半引半扶

中年级的学生在低年级对思维导图有了一定了解的基础上,可以试着制作思维导图。教师主要以半引半扶为主,在教学逐渐推进的过程中,引导学生把思维导图补充完整,并传授一些思维导图的绘制技巧,传授一些思维导图的展现方式,可以引入"二级分支"或者更多级分支。

这个阶段一定要关注学生对思维导图的解读和与同学的讨论环节,给学生充分的时间互相讲解、互相提建议,补充修改思维导图。在这个过程中,不仅能激起学生的学习兴趣,还能促进学生思维的发展,为今后独立制作思维导图做铺垫。

### (三)高年级自主绘制

高年级学生的数学思维逐渐从直观思维到抽象思维。有了之前对思维导图的了解和掌握,这个阶段的主要任务是鼓励学生自主绘制思维导图。教师可以让学生利用思维导图将对知识的理解呈现出来,鼓励学生运用自己创造的图标、线条来进行制图,以展示对数学知识的理解和掌握程度。同时,教师一定要加强学生的讨论、交流等环节,让学生能充分地表达自己的想法,取长补短,让学生的思维在不断碰撞中产生新的火花,达到思考的全面性、思维的多样性、解决问题的准确性等,使学生的数学思维得到全面的提升和发展。

在小学数学教学中,思维导图作为教学的辅助工具、学生的思维工具,能充分体现学生在课堂教学活动中的主体地位,提高学生的学习效率,激发学生的学习热情,以及开拓学生的发散思维。

## 第三节 益智课堂助推思维发展

### 一、益智课堂的内容

《礼记·大学》云:"致知在格物,物格而后知至。"在教学过程中,每一位教师都会面临着"知"与"致知"取舍的问题。"知"是指认知活动所产生的结果,即"知识";"致知"则是指获取知识的过程、方法或能力。两者虽有密切关联,但有时又相互割离。就学生思维发展而言,"致知"过程中的思维训练是我们教学中关注的聚焦点。

益智器具,构思巧妙,解法奥妙,变化无穷;

古今中外,已逾千年,品位魅力,无与伦比!

教学中使用的每一种益智器具,背后都蕴含着十分丰富的数学知识,如:算法、图论、空间位序、排列组合、逻辑推理、运筹学及统计学等。利用这些貌似千奇百怪的益智器具,能够使教学过程形象化、抽象概念具体化,能够引导孩子手脑并用,引发孩子的兴趣和好奇心,打破孩子现有的思维定式,纠正孩子的思维误区,提升孩子的直觉思维能力,改变孩子的思维方式,让每个孩子都能够成长为灵活的思考者。孩子有了与众不同的思维方式,也就有了对于类似课题的高水平理解,自然而然地打破现有的惯性思维。培养孩子的创意思维,使得他们既学会决策,又善于决策。正可谓:动手中启迪心智,玩乐间拓展思维!

长期实践表明,机敏聪慧的思维是可以培养,可以训练的,孩子的创造性灵感来自于不断实践!通过实际动手操作,用心参与寻求答案的"过程",让孩子在探索中亲自破解谜题、发现真理,这样他们就会体验到奥妙、神奇与乐趣,进而得到感奋、惊叹和启迪,那么思维也就在不知不觉中拓展了。所以,答案不是目的,目的是在寻找答案的过程中得到乐趣与启迪!

借助课题研究指导教学实践发展学生思维。在全国教育科学"十三五"教育部规划课题"益智课堂与思考力培养的实践研究"中,我们尝试利用巧解、巧放、巧拼、巧推、巧算、巧组系列等益智器具进行学生思维能力培养,受到了良好效果。这些器具脱胎于中外经典益智玩具,具有典型问题的初始情境。解决问题过程的展开从实物操作入手,不需要特定的知识基础,同时又具有丰富的层级拓展空间,为实现思维训练的多重目标提供了广阔的空间。

益智器具可以分为不同的类型,在实施中可以达到不同的训练目的。巧推类的益智器具,如数独、华容道、独立钻石棋、智勇双全、智取王位、预测大师、四色对板、顾全大局等,注重培养逻辑思维和反思意识;巧放类的益智器具,如巧放方形、巧放四块、巧放圆形、巧放木条等,注重培养空间观念,寻找突破口,打破思维定式;巧算类的益智器具,如九宫图、智慧翻板等,注重提高运算能力,培养数形结合的思想;巧拼类的益智器具,如心巧板、魔尺、拼插立方体等,注重培养观察能力,寻找图形特点建立空间观念;巧组类的益智器具,如七巧块、骰子立方体、百变正方体、神龙摆尾等,注重培养学生的空间想象能力;巧解类的益智器具,如魔术针、兄弟连等,注重培养观察力,提高思维的灵活性,发展求异思维。在数学课堂和数学活动中,益智器具可促进学生思维发展,培育学生思维素养。

## (一)"智"与"知"的融合,关注学科素养

"智"与"知"的融合,是指思维力与学科知识的融合。在学科核心素养中,加强与小学数学教材的衔接,培养学生发现问题、提出问题、分析问题、解决问题的能力和培养学生空间观念、数据分析观念等都是十分重要的。例如"数独入门"教学时,建议以一年级学过的"填数游戏"为起点,为学生设计具有一定挑战性的探究路径,便于学生在探索中学会观察,引发思考,激活思维,获得成功。再如"智慧翻板"的教学中,通过闯关设计,可以唤起学生自主探索的欲望。第一关是完美推测,重在让学生思考。结合学生已经学过的四则混合运算的知识点,引导学生明确规则,进行有序尝试,从而锻炼学生的发散思维以及对数的推理能力等,同时也是为下一关的"算计"增加组合策略储备。第二关是巅峰对决,重在和数学学科相"融合"。根据北师大版小学数学第一学段"统计与概率"的目标和内容,再次积累收集、整理数据的活动经验,用自己的方式(文字、图画、表格等)呈现数据整理的结果。可以设计同桌对弈,在相互对弈的过程中,学生意识到只有灵活地转换思考的路径,才能找到翻木牌的技巧和策略,最

后以智取胜。整个学习过程通过"实践——概括——总结——表述"四个层次的训练,关注了思维过程,获得"致知"的有效思维经验。

### (二)"玩"与"思"的结合,提升思维素养

基于思维训练的基本原则,通过器具的选择和结构化的问题设计,引发学生的深度学习。

例如,在"七巧块"的教学时,可以让学生用27个小正方体拼出七种立体形状,引导学生经历严密而深刻的推理过程,从而得出其中一个组块是由3个小正方体组成,另外六个组块都是由4个小正方体组成。在此基础上,让学生分组拼出七种立体形状。当学生产生思维困顿后,通过连贯递进的几个问题,让学生将突破口聚焦在剩余空间的整合上,从而使学生顿悟,打破思维定式,使问题得到解决。最终将4个小正方体组块的拼接方法提炼为:在3个小正方体形状的基础上,再移动另外1个小正方体。通过这种添加的方法,增强学生思维的有序性,发展学生的创新意识。

### (三)器具与媒体的交互,培养信息素养

《中共中央国务院关于深化教育教学改革全面提高义务教育质量的意见》指出,应当促进信息技术与教育教学融合应用。学生操作器具时,通过现代教学媒体展示学生的操作与思维过程,将思维过程通过媒体以显性化呈现,更有助于益智器具操作方法的提炼,促进学生的思维发展和提升。现代教学媒体的运用有力地弥补了器具操作性不强的问题,尤其是微课和视频故事等,使益智器具课更加生动、有魅力。

### (四)趣味与文化的交融,培育思维素养

在小学益智器具中,有华容道、七巧板、孔明锁、冲积三角洲、独立钻石棋等多款游戏器具,要挖掘这些器具背后的故事,讲解其中蕴含的人文思想,使之与数学趣味有机结合,从而在激发兴趣的同时培育学生的思维素养。

益智课堂教学目标包括器具操作目标和思维操作目标。其中器具操作目标即完成器具破解。很多器具的破解与数学知识密不可分,就是"知"。思维训练的核心是把大脑的思维当成一种技能来进行训练,就像是训练写作技能、演

讲技能、歌唱技能一样。思维的本能并不等于思维的能力，任何一种能力的形成都是要经过反复的技能性训练。尽管人都有说话的本能，但没有人生来就会说话，也没有人天生就知道如何思维，人的语言能力和思维都是在后天的训练中培养出来的。而思维操作目标则是在破解器具的过程中从直观的思维经验入手，着眼于培养带有整体性、综合性的思维素养。涉及优化思维技能、提升思维品质、养成思维习惯、积累思维经验、培养思维情感等思维训练目标，即"致知"的过程。

我们看重器具的"致知"功能，即看重它所能引发的思维过程，看重它包含的思维训练内容和价值——如何跳出惯常思维经验的束缚，灵活地转换思考路径；如何在复杂的关系中，敏锐地识别或提炼潜藏其中的有用规律；如何唤起意想不到的创意构想；如何做出有根据的推断和预测；如何养成有意识地调整自己思考过程的习惯。

下面将通过"观察对比、构造对称——七巧块"（哈尔滨市继红小学校 温与寒）这一课例介绍如何在益智课堂中培育学生思维素养。

七巧块又名索玛立方体，是由丹麦科学家皮亚特·海恩发明的。这款器具由 7 个形态各异的组块构成，其基本操作是把它们组合成正方体，这就需要把握它们各自的几何特性，还要兼顾相互嵌套的关系，仅 3×3×3 的正方体拼组方式就有 240 多种，还可以拼摆出各种奇异的造型，为发散想象、思维技能的训练提供了广阔的空间。

学生通过五年的空间与图形的学习，具备了一定的空间观念，但应对复杂的拼搭活动在操作上仍有难度。动手操作作为学习数学的重要活动方式，蕴含猜测、分析、推理等一系列思维活动，需要学生多感观参与，因此依托新的器具，设计具有难度的实践任务对于这一阶段的学生来说就具有特别重要的意义。

在初识引学阶段采用问题导入直入主题，结合问题驱动引导学生根据名字猜测器具，学生根据器具名称有根据地猜测出其数量、形状以及玩法。结合学生兴趣点适时地拿出七巧块，在观察、触摸、对比、分类基础上表达自己的发现。

学生通过观察、对比、分类，发现组块都是由一个一个的小方块拼接组合而成的；又根据形状、数量、是否对称等特点进行多种分类，对组件有了浅表印象。

在引学阶段通过活动设计强化了"比较—分类"的思维技能，通过对照寻找事物间相同与相异的特征，又通过比较把混杂的事物按照不同属性分成不相交的类别,在个性下寻找共性,进一步认识事物本质,为后续拼摆做必要铺垫。

在研学探索阶段分为探索发现、拼摆验证、梳理构建三个环节。学生先自主设计游戏规则,教师给予孩子合适的任务、自由的空间,这就是研究性学习。学生在设计前的交流中分享了许多不同的想法,比如拼平层或双层的长方体、拼正方体、拼规则图形等,同时又根据引学环节中对组块的认知推理出拼平层,从形状上排除5、6、7号,接着根据这些思考合作拼组,探索不同玩法,并在此基础上进行汇报,学生汇报不同拼法的过程中教师随机点拨:根据角的特点确定摆放位置;分析组块间凹凸嵌套的关系;对称在拼摆图形中的应用等方法。最后通过一段短片了解器具的由来。

在探索发现的环节中学生尝试探索、观察、分析、推理,增加操作的目的性。通过动手实践加深学生对立体图形的认识,学生根据组块特点动脑分析,有序思考,在活动中感受图形的奇妙,借助多媒体手段扩充对器具的了解。

在拼摆验证的环节,学生尝试还原正方体,此时学生已经能够通过关注组块对称的特点,利用组块间的关系来完成任务。学生提出先用灵活度小的组块建底,再用灵活度高的组块补空,关注拼摆顺序的科学性;关注特殊组块对称的特点,应用对称的知识解决问题;根据组块间特点进行凹凸嵌套,将组块特点与目标图形建立联系。教师帮助学生梳理构建,引导学生发现不对称还原法。

在研学阶段设计有梯度的思维任务,训练学生综合的思维技能,在问题解决、创意设计、思维表达上取得了不同程度的发展。学生在问题解决的情境中能够主动思考、在思考时寻求方法,能够有规划、有方法、有步骤地处理问题。教师在交流中通过引导学生理解他人观点,使学生梳理自己的思考过程,从而不断优化学生的思维表达。学生从器具的组件入手,到把器具的各部分联系起来,最后挖掘器具破解的关键节点,体现了变局部为整体的"分析—综合"的思维能力。

在展学创造阶段,教师展示了七巧块的创意拼组,以及利用益智器具带给人类的想象力、创造力、创造出的创意建筑与创意家居,让学生对器具保有持续研究的兴趣,最后依据板书梳理学习的方法。

丰富的素材与情境,让学生由一个事物想起与之有关的生活中的事物,能利用器具组块特点进行课堂任务以外的其他造型拼组,这是"联想—想象"这一思维能力的最好体现。教师有脉络的板书既展现了器具操作的方法,又呈现了思维进阶的发展,从而有效提升逻辑思维。

贯穿整个教学之中的还有对诸如深刻性、灵活性、敏捷性、批判性、独特性等思维品质的培养。对学生思维品质的培养,是让学生掌握思维方法和技能,在活动中积累思维经验,更要使那些有创见、更优化的思维方式成为一种习惯。长此以往,学生才能具备更好的解决问题的能力。

高鹏老师在《从"教会学生"向"教慧学生"转型》中写道:"零散的知识是构不成能力的;教学不能止于知识,而要进入思维。在教学过程中,教师的根本作用不是'告诉'和'教会'学生知识,而是'激发'学生的学习潜能,'激励'学生的学习热情,'引领'他们提升合理思维、深入探究与有效合作等'会学'的综合能力,最终实现'建构知识、提升能力、启迪智慧'的价值追求。"由此可见,思维教育是教师教慧之道、学生智学之道、教学提质之道、课堂激活之道,更是学校入境之道。

## 二、益智课堂的实施策略

随着我国社会的迅猛发展,各地教育水平不断提升;随着学生对教育发展需求的提高,教师的教学观也逐渐发生了改变,高度重视对思维能力的培养。小学阶段是基础教育的重要组成部分,这一阶段的学生年龄较小,身心都处于成长阶段,因此,这一阶段是学习习惯、思维习惯建立和逐渐形成的关键期。在基础教育中融入对学生思维的训练和培养成了当下教师探寻的新方向。益智器具的出现恰好填补了思维训练上的空缺,帮助学生形成良好的思维习惯、思维品质、思维情感和思维素养。

第一,处理好器具操作与思维训练的关系。教师应深刻领会器具所蕴含的思维训练点,在充分了解学生思维困顿的基础上,通过精准的问题设计、精妙的引导点拨、精细的环节推进,使学生在动中思、思中悟、悟中得。

第二,处理好学生个体探究发现与群体智慧共享的关系。当个别学生发表精彩观点后,教师不能急于推进下一个环节,而应通过个体反思,或群体反思,让学生深刻体会这个精彩观点的"所以然",从而以个别学生的"灵光一现"成为全班学生的"星火燎原"。

第三,尝试做到隐性思维显性化。避免重结果轻过程的现象,将数学抽象可视化。

第四,明确课时目标。如:同一器具的第一课时、第二课时、第三课时的目标定位要有梯度、有侧重。

第五,不断构建益智课堂的有效教学模式。如:"趣——识——试——探——拓——创"六步益智课堂教学模式。

下面以"巧放木条"(哈尔滨市抚顺小学　薛薇)一课为例,谈一谈益智器具促进学生思维发展的具体教学实施策略。

【器具介绍】

巧放木条这款益智器具是由木盒、盒盖和八根两两相同的木条组成。(如图4-8)每根木条上具有大小相同的斜面,可用于拼接。

图4-8

在使用益智器具参与到教学活动时需要从以下几方面做尝试:

### (一)故布疑阵,让学生质疑,激发学生探究欲望

俄罗斯教育家乌申斯基说过:"没有丝毫兴趣的强制性学习,将会扼杀学生探求真理的欲望。"在教学过程中,多数时候是老师要求学生看一看、想一想,使得学生在课堂上是被动地按老师要求做事,甚至是按老师要求思考的,对学生思维的限制和牵引可见一斑。很多时候课堂教学需要学生观察。在"巧放木条"一课中,老师将器具从袋子中拿出后,学生们就会迫不及待地观察它的样子。本节课学生积极发言,通过踊跃举手来分享自己的猜测,之后打开袋子来检验猜测。孩子们在这种身心愉快的环境下来进行动手、动心、动口、动眼,学会思考、推理、表达等具有难度和强度的学习活动,使得学习效果事半功倍。木条的拼接不仅仅局限于两两拼接,在拼接过程中,可多角度拼接(如图4-9),

打破思维定式。

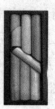

图 4 - 9

### (二)遇见挫折,从中汲取养分

关于挫折,《心理学大辞典》中解释道:挫折是在个体从事有目的活动的过程中,遇到障碍或干扰,致使个人动机不能实现、需要不能满足的情绪状态。[①]挫折教育不仅包括吃苦教育、生存教育、社会教育、心理教育,也包括独立、勇气、意志及心理承受力等方面的培养。所以说挫折教育不仅仅是让学生简单地受点挫折、吃点苦,而是时时刻刻地、潜移默化地从各个方面着手培养孩子的耐挫折能力。在"巧放木条"这一课中,学生通过多次尝试,几经受挫的过程中尝到了失败的滋味,再在老师的鼓励和引领下,重整旗鼓再出发,从而取得成功。在这一过程中,对学生的思维活动、思维意志来说,都是一种培养,一种锻炼。挫折教育也是使学生养成良好高尚人格的一种手段,是实施全面素质教育的一个十分重要的组成部分。

### (三)一款器具带给不同学生的收获

一款益智器具可以针对不同的学段设计不同的教学目标,从而达到不同的教学效果。以"巧放木条"一课为例,以不同的教学目标分别在二、三、四、五年级进行教学实践。对于低段学生来说,观察的关注点停留在表象:器具的颜色、花纹和形状。中段学生正在逐步形成、建立抽象思维,能够将器具这样的实物抽象出空间图形,能够通过调整局部摆放来解决问题。高段学生的抽象思维能力、空间思维能力都有了一定的基础,能够较快地解决问题,或与学科相结合探

---

① 林崇德,杨治良,黄希庭.心理学大辞典:上[M].上海:上海教育出版社,2003:172.

究新的方案,引入新的思考方法。

### (四)益智器具用途不同,乐趣相同

益智器具的品种类别有很多种,每个品种类别对学生思考能力的培养方向也是各有不同的,有培养学生计算能力的,也有培养学生排列能力的。根据类型不同,可以分成:巧推类、巧放类、巧算类、巧拼类、巧组类、巧解类等。由于这些器具用途不同,因此对思维训练的侧重点选择也不同,但相同的是它们都普遍具有趣味性,而这一点对于发展学生思考能力来讲是特别重要的。在对学生进行思考能力的培养时,如果单纯地通过原本的"奥数"等抽象的数学题来进行培养,则难免让学生感到厌倦,而益智器具的趣味性使得学生在训练思考能力的同时还乐此不疲,从而在无形当中达到了培养学生思考能力的目的。

### (五)益智器具与思维训练相结合

在课堂教学中要促进学生的思维发展,要突出学生的主体地位,要注重保护学生好奇心、想象力、求知欲,从而激发学生学习兴趣,提高学生学习能力。"益智器具与思维训练结合的实践研究"课题不但注重融合我国传统益智文化宝贵遗产,而且积极借鉴国内外游戏化智力开发的良好经验。现常使用的益智器具包括我国传统的器具:鲁班锁(孔明锁)、九连环等;国外流传到我国的:汉诺塔、独立钻石棋等。

在益智课堂上,课程的设计过程中要充分考虑学生思维发展阶段性特点,设计游戏化思维训练活动。整个思维训练活动以益智器具为基本载体,以"探究—发现"为教学主导模式,以促进学生思维能力发展为核心目标,让学生在器具操作中、在趣味游戏中开发思维潜能,提升思维品质。

### (六)开展益智器具课堂教学的要求

1. 打破学科重思维。思维训练要打破仅以数学学科作为研究重点,应当进行各学科的渗透。

2. 利用器具解难题。紧紧围绕一个思维素养,利用多种器具进行训练。如,思维的灵活性。

3. 微格研究求突破。围绕一款器具的一个突破点,用多个教学案例支撑,

寻找多种途径和最佳途径。

益智课堂既有其独立性,又有着与其他学科分不开的内在联系。在教学中通过拼摆器具培养学生的空间思维能力,兼具了与数学学科之间的融合。在器具拼摆的过程中,将实际物品抽象成数学图形,再进行多元的数学表征,进而训练多个思维能力点,实现发展学生思维的目的。

## 第四节　反思能力助推思维提升

在面向未来的小学数学育人课堂中,多次强调培养和发展学生思维能力,尤其是培养学生的反思性思维、反思意识和反思能力。对学生反思意识和反思能力的培养,第一是对学习知识内容的反思,第二是对学习过程的反思,第三是解决问题的策略和方法的反思。比如计算教学的检验,实际上也是培养学生自我反思的一种形式和策略。反思又分为课前反思,课中反思和课后反思。反思的主体可以是个人反思,也可以是小组或集体反思。

### 一、什么是反思

反思又译"反省"。反思的全过程不但是自悟的全过程,也是内"醒"的全过程。反思是来源于内心的能量,是心灵成长的原动力。从心理学知识上来讲,反思可引起新知与认知结构的矛盾,进而勾起逻辑思维,激起研究、发现、再革新的冲动,使学生完成由学习者到"学者"的变化。小学阶段的学生普遍欠缺反思意识,反思能力比较弱,从而制约学生学习能力的提升,导致学生学习效果不佳、学习效率不高。

### 二、培养学生反思意识的价值

新课程改革的基础理论注重要自小培养学生的反思意识。学生学会反思可以自主调整学习对策、挑选学习方式,有益于提升学习品质。重要的是,能够培养学生具备自身的管控意识,提高学生的主体意识,加强学生学习的主动性和使命感。在具体教育中可让学生尝试错误,正确引导学生进行反思,随后纠正学生错误,使学生真真正正体验到反思能协助其调整不正确的学习对策,进而激起反思,并做到加强反思意识的目的。

### 三、培养学生反思意识的策略

#### (一)专注课前预习,培养反思意识

对学生而言,每次学习仅仅是一种经历,只有依靠持续的反思,把经历提升为经验,这种学习才具备了真正的价值。因而,培养学生的反思意识,对学生的进步有着无法估量的作用。教师在教学环节中应经常要求学生及时开展课堂预习,并且引导学生在预习后再回顾一下自己预习的内容和全过程,对自身提出问题。比如:这节课主要学习了哪些知识? 自身了解多少? 是否有学过相应的知识? 如果有,是什么? 自身能否单独把他们列出来? 根据这种反思练习,可以慢慢塑造学生对预习的反思观念,推动学生做好预习,学会学习,使学生可以有目的性地对自身的预习状况开展反思和反复研究,这有益于活跃课堂氛围,让学生可以积极地参与到教学课堂中,进而提升学习效果。

#### (二)设计反思性问题,激发反思意识

如在教学"商的变化规律"时,老师课上引导学生说:"如果把今天要研究的知识比作一间房子,有的同学可能离房门比较远,而有的同学可能已经找到房门,甚至是准备打开这扇门了。你是哪部分同学呢?"后来又通过同学们的交流,老师交流说:"我们发现主要有两部分同学,一是对本节课的学习内容有一定想法了,还有一部分同学对本节课的学习内容没有任何想法。我给大家提供了学习单,有想法的同学可以通过右面的算式验证自己的想法。没有任何想法的同学请你选择左侧我给你们提供的算式,计算后观察算式,看看你有什么发现。"通过这样的提问,可把学生的认知水平具体化、形象化,初步建立学生自我评价意识,提高学生自我反思意识,提升乐学、善学的素养。分层教学能够使不同的人在数学学习上得到他们各自不同的发展,激发不同程度、不同类别学生的学习热情。因此根据分层教学的理念,对于反思的规定应有着各自不同的侧重点。比如,低段学生在教学与反思中应以口头答问的方式为主,他们涉及的内容要浅显一些;中段学生在教学与反思中应在留意口头答问的同时,慢慢引进写数学思维日记这一方式,他们涉及的内容要加深一些;高段学生在教学与反思中在搞好口头反思的同时,笔头反思的比重(写数学思维日记、写成长记

录)应有所增加,他们涉及的内容要更深入一些。

### (三)用好课堂小结,培养反思兴趣

课堂小结若设计得当不仅可以收到较好的教学效果,而且能引起学生对探索新内容的求知欲,进而引起学生对课堂教学认知能力及自我认识构造的再认知能力。因而,在教学过程中,教师理应强化课堂小结的设计,让学生自己去思考、提炼、总结和延伸,形成学生的反思习惯,培养学生的反思能力。例如,在平时数学课快结束时,教师应该设计一个反思性总结,要求学生总结课中开展了哪些活动? 使用了什么方法? 自身得到了什么? 反思课堂上的行为、学习方法是否得当? 反思在未来的数学课堂学习中怎样才能做得更好? 通过这样的课堂小结,可以逐步培养学生的反思兴趣,促进学生思维的提升,使学生在课堂上突破认知水平,对自我认知进行再认识,从而提高学生的反思能力。

高效的教离不开学生的反思行为。只有引导学生会反思,形成积极的反思意识,才能有效地提高学生的思维力,优化思维品质,进而培养学生的创新力,以便适应新时期教育改革的趋势和要求。

## 第五节 创新思维提升思维品质

以人工智能为标志的第四次工业革命已经到来,各个国家都在发力,希望自己能在世界科技竞争中取得领先地位。但无论未来技术怎样发展,机器能够帮助人类提高工作效率到何种程度,人始终是这个社会真正的主角。如何打造一个创新体系,培养具有创新思维的新型人才,提供快速灵活的解决方案来应对随时出现的新问题,这才是可持续的发展,也是世界各国面临的机遇和挑战。

现代教育呼唤创造性人才,如何有效培养学生的创新意识、创新精神,发展其创新能力和实践能力,已经成为教育工作者研究的重要课题。在小学基础教育中,有意识地培养学生的创新思维能力也就愈加显得重要和紧迫。

### 一、小学数学学科创新思维的内涵

创新思维是指以新颖独创的方法解决问题的思维过程,通过这种思维能突破常规思维的界限,以超常规甚至反常规的方法、视角去思考问题,提出与众不

同的解决方案,从而产生新颖的、独到的、有社会意义的思维成果。[1] 其本质就是在于用新的角度、新的思考方法来解决现有的问题。

数学是一门系统性很强的学科,知识间紧密联系。在小学数学学习中,学生的创新思维主要表现在如何更好地、更准确地抓住知识的本质,灵活应用各个知识点解决实际问题,这样才能在真正意义上掌握数学知识的核心内涵,充分了解数学领域特点。在这种情况下,学生的创新思维意识在原有知识的基础上得到激发,学生对题目的解析思路得到充分延伸。

## 二、小学数学学科创新思维培养类别

创新思维包括发散思维、逻辑思维、形象思维、直觉思维、逆向思维……如果把这些思维放在小学数学学科上,我们发现,这与数学学科的核心素养联系非常紧密。通过梳理,整理出培养小学生的创新思维有如下几个方面:发散思维、形象思维、逻辑思维、逆向思维。

发散思维,是指个体在解决问题过程中常表现出发散思维的特征,表现为个人的思维沿着许多不同的方向扩展,使观念发散到各个有关方面,最终产生多种可能的答案而不是唯一正确的答案,因而容易产生有创见的新颖观念。

形象思维,主要是指人们在认识世界的过程中,对事物表象进行取舍时形成的,是只运用直观形象的表象解决问题的思维方法。形象思维是在对形象信息传递的客观形象体系进行感受、储存的基础上,结合主观的认识和情感进行识别,并用一定的形式、手段和工具创造和描述形象的一种基本的思维形式。

逻辑思维,是指将思维内容联结、组织在一起的方式或形式。思维是以概念、范畴为工具去反映和认识对象的,这些概念和范畴是以某种框架形式存在于人的大脑之中,即思维结构。这些框架能够把不同的范畴、概念组织在一起,从而形成一个相对完整的思想,再加深理解和掌握,达到认识的目的。因此,思维结构既是人的一种认知结构,又是人运用范畴、概念去把握客体的能力结构。

逆向思维,也称"求异思维",它是对司空见惯的似乎已成定论的事物或观点反过来思考的一种思维方式。[2] 敢于"反其道而思之",让思维向对立面的方向发展,从问题的相反面深入地进行探索,树立新思想,创立新形象。

[1]　高家明.中学高效教育教学模式探究[J].才智,2013(32):104.
[2]　林墨恒.逻辑表达力[M].南京:江苏凤凰文艺出版社,2020:71.

## 三、基于小学数学学科,培养学生创新思维途径

### (一)创设生活情境,激发学习兴趣

数学是一门抽象性比较强的科目,小学阶段的学生年纪小,认知能力较弱,所以在学习数学知识的过程中会感到非常困难。教师可以通过为学生创设生活情境的方法,让学生在充满趣味和活力的氛围中不断提升自己的参与度。教师可引导学生发现生活中的数学知识,充分调动他们的已知经验和旧有知识,使学生能将教材中的内容与日常所见联系在一起,让他们认识到数学知识就在自己的身边,消除他们面对数学的恐惧感,从而不断增强数学思维和数学能力,培养他们的创新思维。

### (二)设计任务驱动,引导深度学习

如果教学过程中教师想要学生取得创造性的成果,那么教学中必须培养学生自主学习、自主探索的能力。为了取得这一效果,教师应在教学中给学生建立认知冲突,设计任务驱动式的学习活动,充分调动学生的积极性,让学生自主投入到学习的全过程中。教师应给予学生大块的时间,让学生在发现中学习,使学生在这种氛围中发挥最大的创造潜能。

### (三)既要求同存异,又要"瞻前顾后"

数学的学习应该是连贯,成体系的。如果学习时只是学习一个个知识点,对知识点之间的联系不够重视,那么学生就无法理解事物的内在规律,难以理解学习的价值和意义。在课上,我们要引导学生学会质疑,求同存异,有质疑就说明有思考,在辨析中明理,还要引导学生学习一个知识后,要与之前和今后的知识相关联,"瞻前顾后",追寻知识的本质。

要想构建能够使创新思维生长的小学数学课堂,就需要教师准确把握数学学习内容的本质,明晰数学概念的本真意义。要想让每个学习内容所反映的思维生长点都有所不同,便需要教师充分研读教学内容,用深刻的观点讲解每一个数学知识的本质,准确设计挑战性的活动任务并有序实施,激发学生的创新生成,促进学生学会思考。

对学生思维的训练和培养不是一蹴而就，而是要在科学的统筹设计下有序实施。教师要有意识培养学生的思维习惯、思维品质、思维能力和良好的思阶情感，积极触发学生的高阶思维、反思思维和创新思维，为学生的一生发展奠定良好的基础。

（课例见附录3 突破定势、统筹兼顾——顾全大局）

# 第五章
# 术与数的融合 凸显课堂之妙

何为"育术"？

育是培育，培养；术是教育技术、教学艺术，解决问题的策略和方法。

"育术"一方面指培养学生信息意识，提升学生的信息素养，重视学生的终身可持续发展；同时，又培育教师信息技术教育教学能力。另一方面"育术"也是指培养学生解决问题的策略和方法，即信息技术赋能教育教学。对于一线教师来说，指在信息技术教育教学环境下的课堂教学，解决问题的策略与方法，以现代信息技术与教师的教学技能方法结合，培养学生的高阶思维。（如图 5－1）

那么"育术"为何而育？ 不仅要清楚教育技术的内涵，还要了解信息技术教育教学环境的时代特点。

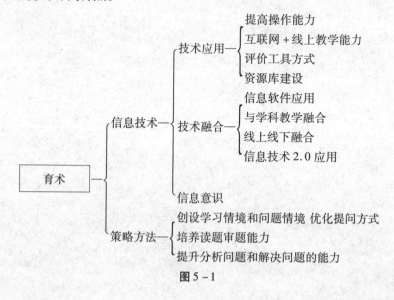

图 5－1

## 第一节　信息技术与课堂教学的融合

### 一、信息技术与课堂教学融合的意义及价值

2004年12月15日,教育部发布了《中小学教师教育技术能力标准(试行)》,这是我国颁布的第一个有关中小学教师专业能力的标准。该标准对教育技术作出了如下定义:运用各种理论及技术,通过对教与学过程及相关资源的设计、开发、利用、管理和评价,实现教育教学优化的理论与实践。[①] 我对教育技术的理解是指在教育中,应用先进的科学理论和科学技术,围绕教与学前、中、后全程及相关资源进行的整体规划、研发、使用、管理和测评,有助于提高教育教学效率和质量的实践。

信息技术教育教学环境随着社会发展而深化、扩展、转型,并产生优化问题。人类社会的发展经历了多次信息技术革命,从语言、文字、印刷术、无线电、电视机到互联网。时至今日,智能互联网引导的新信息技术革命已经到来,其智能技术主要涵盖人工智能、大数据、云计算、物联网、虚拟现实等内容,人类社会再次进入转型期,我们将见证人机协同、跨界融合、共创分享为特征的智能时代。下面主要围绕三个方面进行阐述:"育术"课堂教育教学环境是什么? 优化什么? 怎么优化?

#### (一)环境优化背景

##### 1. 新时代人才培养背景

习近平总书记在教育大会上强调:应培养德智体美劳全面发展的社会主义建设者和接班人。[②] 该发言实际上强调了教育的目标和任务:育人为本;凸显了

---

① 中华人民共和国教育部. 中小学教师教育技术能力标准(试行)[S/OL]. (2004 - 12 - 15)[2022 - 04 - 30]. http://www.moe.gov.cn/srcsite/A10/s6991/200412/t20041215_145623.html.

② 习近平:坚持中国特色社会主义教育发展道路 培养德智体美劳全面发展的社会主义建设者和接班人[EB/OL]. (2018 - 09 - 10)[2021 - 05 - 01]. http://www.xinhuanet.com/politics/leaders/2018 - 09/10/c_1123408400.htm.

学生学习和发展的主体地位,切实提升育人水平,努力培养德智体美劳全面发展的社会主义建设者和接班人。育人为本是全面落实新课程要求,尊重、坚守教育本质和保证学生顺其自然的学习状态,紧扣立德树人根本任务,坚持五育并举,让科学质量观贯彻落实到全面的教育教学过程,夯实学生成长的共同基础,保证学生个性化的学习发展,促使学生的综合素质稳步提高,着重提高学生的核心素养水平,为学生成为有知识、有素养、有担当的时代新人保驾护航。

### 2. 信息技术应用能力提升背景

根据《关于实施全国中小学教师信息技术应用能力提升工程 2.0 的意见》,提高中小学教师信息技术应用能力成为评价新时代教师素养的核心要求。2013 年以来,通过实施全国中小学教师信息技术应用能力提升工程,教师应用信息技术用以改进教育教学的意识得到加强,其应用信息技术的能力也得到广泛提高。在大数据、人工智能等新技术变革的时代下,对教师信息素养也提出了新要求。教师要主动学习互联网时代背景下的各种信息技术,积极有效地开展教育教学,打造下一代数字学习环境,增强数字学习体验。在数字化学习环境中,利用数字化的学习资源开展学习。每位学生至少配备一个电脑化装置——个人的、可携的、交互的、具有无线通讯能力的装置,人类的学习和阅读迈进无纸化时代。

## (二)优化内容

### 1. 教师优化

信息技术应用能力的提升是为提高师生信息素养而存在。信息技术应用能力体现的是技术上的革新和应用,本质上是为了帮助提高师生信息化素养,所以说让师生学会使用信息技术只是掌握新知识、新技能的手段,而核心问题是促使师生具有信息化社会的思维方式和行动方法。

教育信息化的发展要从融合应用转向创新发展。当前,研究和实践比较多的是信息化如何与教学深度融合,让信息化教学成为常态。以此为起点,引导信息化应用从量变到质变的转变,达到满足信息化时代教学、开拓服务思路、创新服务方法的目的。

### 2. 学生优化

个人在学习的时候,可以通过观察、考量或者采用熟悉的数字化资源和工具,组织、整理好学习进度和学习资源,具有创造性的解决学习问题,从而完成学习任务,形成创新作品的能力。力求让每一位学生都能够利用信息技术工作,能够在互联网上查询到学习所需的资料和相应服务,达到不限时间、不限地点、不限身份的学习,充满个性化的服务满足每个人不同的学习需求。利用技术设备,学生能查找相关资料,体验作品的创意设计、制作、测试、运行的完整过程,逐渐掌握通过信息技术学科方法可以做到在观察陌生事物时,能自主寻求解决问题的答案,达到培养计算思维和提高创新能力的目的。

### 3. 课堂优化

借助数字化学习环境,引导学生通过学科的学习任务巧妙与信息技术融合,体验数字化学习与创新活动,帮助学生学会运用数字化工具(如移动终端、开源硬件、网络学习平台等)表达思想、建构知识。课堂信息化演变过程是传统教室——多媒体教室——未来教室。

## (三)优化方法

基于以上信息化环境中"教师、学生、课堂"三个维度优化愿景描述,我们以"课前、课中、课后"三个教学发展阶段为研究主线,为信息化环境下的有效教学提供可供借鉴的"育术育人"混合式教学基本路径。

### 1. 课前、课中、课后

《义务教育数学课程标准(2022 年版)》中指出:"合理利用现代信息技术,提供丰富的学习资源,设计生动的教学活动,促进数学教学方式方法的变革。在实际问题解决中,创设合理的信息化学习环境,提升学生的探究热情,开阔学生的视野,激发学生的想象力,提高学生的信息素养。"[①]数学学习的最终目的,是让学习者有使用数学去观察世界的眼光,有使用数学去思考世界的思维,有使用数学去表达世界的语言。

课前自主学习:运用学习平台推送微课资源、课前检测题和学习任务单,收集学生拍照上传的作品或作业,指导学生自主学习。对教师的"教"而言,通过线上评阅学生的课前检测,课前就对学生有了充分的了解,方便确定出适合课

---

① 中华人民共和国教育部. 义务教育数学课程标准(2022 年版)〔S〕.北京:北京师范大学出版社,2022:4.

中交流、学习、反馈的典型案例作为学习素材,以学定教;对学生的"学"而言,极大地调动了他们学习的主动性,并在课前自学中,培养了他们的自学能力。

课中互动深化:在以智慧教室为基础,利用现有的信息化设备,借助可互动式的电子白板,配合移动式的授课助手,在一系列交流反馈、深化探究、应用拓展、归纳总结中,在任务驱动教学过程中,让学生形成以小组为单位的学习共同体。在小组合作下,启发学生学会观察、具备主动思考、善于动手实操、适时交互研究、倾听表达的能力。通过小组内部合作展开探究,有助于学生积累实践经验和发展数学思维。每个环节都需要教师用心设计、巧妙布局,在稳固进步的学习中,增强学生对实际问题的解决能力。

课后延伸补救:继续运用学习平台,实现线上检测跟踪与延伸补救。通过微课制作,将微课投送到云端,学生可反复观看,这是学困生云端补救的重要抓手。教师收集课后检测数据,在线答疑解惑,为学生提供及时而有效的个性化帮助。

案例:关于在教学实践中如何实施的做法(哈尔滨市美加外国语学校　李响)

第一阶段:课前应用

在以往的教学中,我们经常采用学前摸测的形式了解学生基础,以便开展有效教学。一般情况下,教师仅是浏览摸测试卷,凭借经验了解学情,这种凭借经验的方式显然比较片面和主观,反馈出的学情也缺乏科学性和全面性。基于学校软件环境,教师可以利用各种软件收集学情,让数据帮助教师客观准确地搜集学情,以学定教,以便开展有效教学。

例如,在教学五年级上册第三单元"小数除法"之前,利用 app 进行学前摸测,对采集的学生数据进行分析。

学生提交后可以查看相对应的答案,了解自己存在的问题。通过前置学习,学生知道自己存在的问题在哪里,带着问题进入课堂,提高了学习主动性与积极性。

第二阶段:课中应用

(1)让课件跟着学生思维走

在大多数的课堂中,教师或多或少都会将课件作为教学辅助工具。信息技术已经成为日常教学中不可分割的一部分。课件的过度使用往往会限制学生的发展,这就导致教学流程受制于课件的内容和形式,脱离了学生思维发展的实际水平。那么,如何使得信息技术真正助力于课堂,更好地为课堂、为学生而服务,就非常值得我们思考。

合理使用课件,在教学关键点起到突破、提升的作用。例如,在"图形与几何"的学习中,多媒体手段能够帮助学生直观地感受图形的变化。例如,在"三角形内角和"的学习中,利用超链接或触发器,真正做到课件辅助教学的作用。

(2)交流反馈——为提高课堂效率服务

小学数学课堂大多数是以小组探究为主的数学活动。在小组探究活动中,利用课件布置任务并收集学生数据,既能提高课堂效率,又能达到直观的数据分析效果。

例如,在教学五年级上册"掷一掷"数学实践活动课时,运用 WPS 协作授课或利用 Excel 的数据统计功能和协作办公功能,实现实时数据统计,快速得到数据分析结果。该数学实践活动大大提高了课堂教学效率,也让学生直观地感受数据分析的结果。

(3)打通思路、串联知识

学生对一个问题进行深入探究后,往往会得到很多种解决问题的方案。如何将学生的探究更直观地进行展示,让学生知道各种方法之间的联系,并在其中找到最优的方法,教师可以利用课件直观地将知识进行串联。

例如,在教学三年级上册第九单元"集合"一课时,通过动画展示,学生找到最直观便捷的表达形式,并知道了这些方法之间的内在联系,让知识形成闭环。

(4)游戏提升学习兴趣

针对中低年级学生的年龄特点,将练习巩固转成希沃软件中的闯关游戏,可提升学生学习兴趣,课后可以继续完成相关练习。

第三阶段:课后应用

(1)线上线下相融合

疫情的到来,让教学从线下转到线上,给我们带来困难的同时,多种教学平台的出现也为我们提供了新的可能。利用线上平台优势,将课堂延伸至线上,推送微课资源、建立分层辅导群,因材施教,为学困生提供个性帮扶,为学优生拓展提高,让所有学生都能得到个性化发展。

（2）学生自主发展

育术不但可以提升教师的信息素养,而且也可以提升学生的信息技术使用能力。每周为学生提供一个学习主题,学生根据周节课的内容自制 PPT,化身"小先生"录制讲解视频,可以是一道感兴趣的数学题,或是针对某个数学问题的调查,又或是一个数学故事……

学生既要学得明白,又要学会表达,学生的综合能力就是在一次次的锻炼中提升起来的。有的学生还根据课程的内容自制小程序、绘制思维导图,这种行为方式可让数学课堂丰富起来。在带动同学们学习数学的同时,提高学生运用信息技术表达的能力。

信息技术应用能力提升工程 2.0 的学习为教师打开了一扇门,让教师学会通过信息技术的手段提高课堂效率。教学中以学生的学习为中心,用好信息技术,潜移默化提升学生的综合素质,让育术课堂真正为育人服务。

**2. 融合、重构、导引**

以小学数学四年级下册"三角形的分类"一课为例,应用"育术育人"混合式教学范式设计这节课,突出"线上与线下混合式学习"模式的教学特点。

（1）线上自学与线下教学相结合

学生可以自由选择学习方法,可以线上自主学习所需相关资料,也可以参加线下课堂面对面的授课学习方式。线上的自主学习,是教学的一个重要环节,它不是辅助学习或者是可有可无的陪衬,而是关系着整个教学活动的效果。线下的课堂授课教学,也不是传统老旧的教学模式,而是结合线上自主学习的情况,再进行深入的教学活动。两者是相辅相成,有机结合的。

以本节课为例,教师运用学习平台推送微课资源、学习任务单及课前检测题。在学习任务单中,让学生在点子图上画出任意一个三角形,然后拍照上传到学习平台。线上的自主学习和线下的课堂教学间的有效融合转变了教和学的方式,大大提升了教学的实效性。

（2）重构传统课堂,拓展学习的时间和空间

课前的自主学习和课后的云端补救,拓展了学习的时间和空间,使学习成了一个完整的线性过程,更利于挖掘学习内容的深度和广度。在本节课中,因为教师课前对学生的学情"心中有数",课中引导学生观察教师课前画的各种三角形,让学生思考:为什么这些图形的大小、位置、形状看上去都不相同,却都叫

它三角形？接着设计"蚂蚁进洞""动手剪一剪"两个学习活动,让学生感受图形的分与合,渗透转化思想。与传统的课堂相比,学生不是被动听讲、单调枯燥的练习,而是主动参与、同伴交流合作,进行对话协商式的学习。这一切得益于课前的前置学习,在线下的课堂上才有了更多的时间进行小组探究。课后的云端补救又是基于线上检测,实现精准教学。通过数据分析,教师迅速了解学生的掌握情况,有利于教师提供更有针对性的个性化帮助。有了云端平台,师生、生生之间的沟通突破了时空的障碍,学生在线上就可以得到教师的指导,把问题消灭在萌芽期。

(3)线上重"导"与线下重"引"

在进行线上和线下混合式教学时,四年级学生的年龄特点决定了教师线上的"导"和线下的"引"有着重要意义。线上自主学习与延伸补救都需要教师提供足够丰富的导学资源,比如微课、导学单等,给学生布置可以实现和完成的任务,甚至还要有一定的趣味性,否则就是无效的自学。另外,不要认为学生线上自学了,教师就可以不用教了,事实上,混合式教学给教师提出了更高的要求:如何根据学生自学的不同程度来设计线下的课堂活动?线下教学中每个节点的"引"更关键。在线下教学中,更需要教师精心设计"情境串""问题链",配合形式丰富的课堂活动引发学生思考,开启深度学习的旅程。比如上课开始的交流反馈环节,在讨论学生摸测题中的错误以及上传点子图作品时,教师对三角形的特征不是割开去回顾,而是引导学生以对比联系的方式去观察这些三角形。比如三角形都有三个角和三条边,边之间的特征是什么?角之间的特征是什么?边和角之间的特征是什么?从边和角去分析图形的特征,你发现三角形的特点是什么?这些"问题链"把三角形的不同分类串在一起,既关注它们之间的联系,又重视它们之间的区别。在相同与不同中对知识进行有效梳理并系统化、网络化。同样地,在拓展应用环节,教师通过分组竞争、知识配对、即答即问、判断对错等丰富有趣的练习形式,配合希沃反馈器的抢答和班级优化大师的管理评价,大大增强了学生练习的主动性,达到巩固和拓展的双重目标。可见,线下适当的"引",可以有效地促使学生向深度发展,将课堂教学的价值最大化。

**3."育术育人"混合式教学**

"育术育人"混合式教学模式是根据保障个性化学习、鼓励对话式教学、提倡自我教育这样的理论编设的。通过任务驱动、自主学习、适时检测、以学定教、交流互助、答疑解惑、因材施教、拓展提升，围绕学习者建立生本课堂，可帮助学生获得终身学习技能和持续发展的学习精神。同时，"育术育人"混合式教学目标和任务指向提升学生的信息素养，以学生发展为本，注重学生的全面发展，即注重学生三维目标的全面发展，注重学生的个性发展，重视学生的终身可持续发展。

教师要了解评价学生是否"育术"达标需做到以下"七问"：①学生能否结合任务或问题情境的要求确定合适的信息来源？②学生能否制定切实可行的信息收集计划？③学生能否根据问题要求采集和评价信息、管理信息、加工信息、使用信息解决问题？④学生能否利用信息技术清楚地表达观点、思想，呈现问题解决的答案？⑤学生能否根据问题解决的需要评价各种可用的信息技术设备、工具和资源的潜在优势和不足，选用合适的信息技术设备、工具和资源解决问题？⑥学生能否体会到与他人合作解决问题的重要性，并能利用合适的信息技术与他人进行有效交流、合作？⑦学生能否对解决问题的过程进行反思，获得解决问题的经验，提高相关能力？①

这"七问"也是教师在学科教学设计前，首要考虑的"育术育人"潜在目标和行动指南。如此看来，"育术育人"混合式教学可以有效提升学生利用信息技术解决问题及开展交流合作的能力，顺应时代发展要求，全面提升学生的思辨能力和综合素养，促进学生全面而有个性的发展，形成自尊、自信、自爱、坚韧乐观、奋发向上的心理品质，使学生成为德智体美劳全面发展的人，为学生的职业规划做打算，为学生日后自身成长做准备。

我们正在呼吁一种真正能激发学生学习的动力、保持好奇心、创造力，迎接终身学习的育人课堂的到来。未来教育，不只是一桌一椅、黑板、粉笔，它更充满智慧。未来总是在我们手中，靠我们每个人去书写。以未来照亮现实，是我们这一代一代人的使命，更是我们教师的使命，因为未来的主人正等待我们教师的指引。"育术"课堂赋能新时代人才培养，成就孩子未来幸福生活。

---

① 李冬梅;钟建业.信息技术学科知识与教学能力 高级中学[M].北京:光明日报出版社,2015:500.

## 二、信息技术与课堂教学融合的策略

对于"育术"这两个字,育引申指"按照一定的目的长期地教导和训练";术引申指"技艺"的套路。结合这个解释,我们认为,"育术"的含义就是现代信息技术的运用能力和学生解决问题的能力,以达到全面提升信息素养,落实高效课堂的目的。

### (一)晰背景　清楚信息素养涵盖内容

2011 年 10 月 5 日,"苹果之父"乔布斯先生与世长辞。乔布斯生前曾经提出:"为什么计算机改变了几乎所有领域,却唯独对学校教育的影响小得令人吃惊?"[1]

这句话距今已经过去了 10 多年。现在回过头来再看,计算机还是像当年所说的那样,对教育的影响小得令人吃惊吗?

回顾教育的发展历程,从最初的教学模式,教师只要有一支粉笔、一本书和一块黑板,就能上完一节课,慢慢地发展到利用胶片投影上课。随着时代的变迁,这样的教学模式已经渐渐远去,取而代之的是现代化的教学技术、教学手段。电脑课件、电子白板,以及基本普及的交互式一体机的相继出现,彻底改变了以往的教学模式。

习近平总书记在中共中央政治局第三十四次集体学习时,就推动我国数字经济健康发展做了重要讲话,他再次提出:"近年来,互联网、大数据、云计算、人工智能、区块链等技术加速创新,日益融入经济社会发展各领域全过程,数字经济发展速度之快、辐射范围之广、影响深度之深前所未有,正在成为重组全球要素资源、重塑全球经济结构、改变全球竞争格局的关键力量。"[2]习近平总书记的讲话告诉我们,现在全球已经步入了信息时代。由此我们可以发现,社会的发展需要创新型人才,尤其是数字化人才更是对社会的进步起到决定性的作用。

2018 年 4 月 13 日,教育部印发的《教育信息化 2.0 行动计划》被正式提出,

---

① 朱永新.朱永新说教育[M].青岛:青岛出版社,2017:7.

② 把握数字经济发展趋势和规律 推动我国数字经济健康发展 [EB/OL].(2021 - 10 - 20) [2022 - 04 - 30]. http://cpc.people.com.cn/n1/2021/1020/c64094 - 32258470.html.

这份行动计划具有里程碑意义,它标志着我国教育信息化正式从1.0迈进2.0时代。

《教育信息化2.0行动计划》的出现,表示教育信息化迎来一次新的整体升级。其目标是从专用资源向大资源转变;从提升信息技术应用能力向提升信息技术素养转变;从应用融合发展向创新融合发展转变。

由此看来,全面提升教师信息素养是信息时代教育发展的必然趋势,也是促进我们教师专业成长的必经之路,更是教师在当今这个信息化时代履行教书育人的责任所在。

## (二)找方法 确立信息素养培养策略

### 1.使用信息技术创设情境,激发学生学习兴趣

夸美纽斯说过:一切知识都是从感官开始的。情境教学是从教学的需要出发,教师依据教学目标创设以形象为主体、富有感情色彩的具体场景或氛围,激发和吸引学生主动学习,达到最佳教学效果的一种教学方法。[①] 学校在各个学年,对于创设情境,激发学生学习兴趣的做法也是不一样的。

比如:对于一、二年级的学生来说,由于学生的年龄较小,注意力不能长时间集中,因此教师会创设一些能够吸引学生注意力的情境,让学生乐于参加课堂学习,并能够长时间集中注意力。

### 2.利用信息技术直观演示,突破学生学习障碍

曾有两个心理实验十分引人关注,其实验是由心理学家赤瑞特拉(Treicher)主持的。第一个实验是研究人类得到信息的渠道;第二个实验是如何让记忆更加持久。

人类得到信息的渠道,意思就是人类通过哪些渠道来得到的信息。心理学家赤瑞特拉以大量实验结果为依据,最终得出:人类获取的信息83%来自视觉,11%来自听觉,即通过"视觉 + 听觉"所得的信息百分比竟高达94%。仅有3.5%来自嗅觉,1.5%来自触觉,1%来自味觉,三者所占总和也就只有6%。多媒体技术既能体现在视觉、听觉方面,还能上手操作,有触感,具有多重感官刺激,其叠加的信息量十分巨大,比单纯地听老师讲课要强得多。因为信息和知

---

① 孙延泽.舞蹈教学中如何运用情境教学法[J].艺海,2013(3):86.

识是牢不可分的,所以获取大量的信息就表示可以掌握大量的知识。

如何让记忆更加持久的实验,其实验结果如下:通常人们只能记住自己阅读内容的 10%,自己听到内容的 20%,自己看到内容的 30%,自己听到和看到内容的 50%,在交流过程中自己所说内容的 70%。这意味着,在可以听到和看到内容的基础上,再通过沟通、交流用自己的语言表达出来,记忆会更加持久,效果要远远好于传统教学。通过两个实验结果可知,多媒体信息技术在教学过程上的应用,不仅更便于获取知识,而且在记忆的持久上效果更加显著。所以,在我们日常的课堂教学中适当地运用信息技术,可以更好帮助学生解决学习中遇到的问题,这在几何知识的教学中,体现得淋漓尽致。

**3. 利用信息技术活用软件,提高学生学习实效**

小学数学是学校教学中的重要组成部分,是学生今后数学学习能力提高的基础。在日常的教学环境中运用信息技术,可以更加直观地将抽象的事物具体化、形象化,也可以让一些晦涩难懂的知识内容以生动形象的形式展现在学生面前,加之声、光、图、影、色的感官效果,可以大大提高小学数学课堂学生学习的实效性。

**4. 利用信息技术丰富感知,优化学生思维模式**

《义务教育数学课程标准(2022 年版)》指出:"教师可以利用信息技术对文本、图像、声音、动画等进行综合处理,丰富教学场景,激发学生学习数学的兴趣和探究新知的欲望。利用数学专用软件等教学工具开展数学实验,将抽象的数学知识直观化,促进学生对数学概念的理解和数学知识的建构。"[①]因此,有效地使用信息技术手段,可以帮助教师解决以往课堂上难以解决的问题。鉴于小学生各时期大脑发育阶段的不同,小学生思维的形象性与数学的抽象性之间往往存在矛盾。如何解决这一矛盾,我们可以利用信息技术,在数学知识和学生思维形象性之间架起一座桥梁,实现由形象思维向抽象思维的过渡。

数学课堂中运用信息技术能够有效解决学生难以想象的问题。比如在教学五年级上册"列方程解应用题"时,最常见的一类题型就是"相遇问题",由于学生不能准确理解相遇问题的含义,所以就导致学生找不到题中所隐含的等量

---

① 中华人民共和国教育部. 义务教育数学课程标准(2022 年版)[S]. 北京:北京师范大学出版社,2022:89.

关系,这时我们就可以借助多媒体课件进行演示:两人从两地同时出发,相向而行,最后相遇的画面。让学生直观感受什么是相遇问题。教师还可以改变两人的行进速度,让学生感受两人的相遇地点是和两个人的行进速度有关的。教师还可以改变所求问题,让学生从不同的角度对相遇问题进行理解。在这种情况下,教师仅需要将所需图像展示出来,无须语言介绍,就可以悄无声息地将教学信息传递给各个学生,那些本不容易描述的知识点会更加直观、准确地展示在学生面前,更加具备吸引力和启发性。新课程改革背景下的小学数学更加注重学生思维能力的发展,因此,在数学课堂中,就要有目的地对学生的思维加以拓展,培养学生的思维能力。

## (三)定方向 树立信息素养培养目标

当今社会,信息是最主要的资源,对整个社会的发展具有决定性的作用。小学数学是非常重要的基础学科,既具备应用科学的特征,同时又兼具科学与技术的双重身份,更是培养创新型人才的重要阵地。所以,在数学教学中,极为重要的就是培养学生的信息素养,这也是培养创新型人才的重要条件。那么,如何在数学教学中培养学生的信息素养,促进他们的身心发展呢?

### 1.培养学生的信息应用意识

信息技术作为一种高科技的学习工具,有着其他学习工具所没有的一些特性。因此,在组织学习时,应当引导学生充分利用信息技术的优越特性,使信息技术成为辅助我们课堂教学的有力工具。比如:在教学"长方形的面积"一课时,教师就可以借助信息技术手段,让学生用小正方形去拼摆不同形状的长方形,从不同长方形的拼摆过程中推导出长方形的面积=长×宽。同时还可以让学生进行自由拼摆,然后生成表格,同样也能够发现长方形的面积与长方形的长和宽之间的关系。

### 2.培养学生收集和处理信息的能力

新课程标准中强调,要重视培养学生收集和处理信息的能力,其关键还是对信息的收集与应用。比如:让学生通过不同的途径统计我国新冠疫情数据情况。有的学生通过听广播、读报纸、观看新闻等方式知道有关我国新冠疫情的一些数据,有的同学还通过网络收集到其他国家的新冠疫情数据,比如美国、印度等国的情况。同时也可以让学生将不同国家的数据制作成统计图或统计表,比如可以引导一、二年级的学生将世界其他国家的累计确诊病例人数制成统计表;让三、四年级的学生将世界其他国家的累计确诊病例人数制成条形统计图;让五年级的学生将世界其他国家最近几天新增的本土病例人数制成折线统计图或扇形统计图。让学生将各国的新冠数据进行对比,在经历数据整理、描述和分析的过程中,提升学生收集、整理、分析信息的能力,让学生感受到我国在抗击新冠疫情的这场战斗中所取得的巨大成就。

### 3.培养学生利用信息技术解决问题的意识

目前,应用常见的数学软件可将作图、度量、计算、统计、制表、几何变换等功能融为一体,使之成为学生开展基于问题的自主探究的虚拟"数学实验室"。教师应把操作软件的权利交给学生,让他们在作图、计算、观察、操作、建模、推理等活动中自发地提出质疑、验证猜想、分析现象并发现规律。

例如,在研讨低年级"数的认识"时,信息技术的运用可以很好地帮助低年级的学生建立数的概念。在教学"数的认识"时,让学生利用最常见的小棒探究学习,抑或把小棒换成学生感兴趣的鲜花或者棒棒糖来进行演示。学生可以随意点击小棒,这时软件可以进行自动读数,并且生成数字的写法。十根小棒还能捆成一捆,让学生能够直观、形象地感知数量的多少。再比如,在教学"二十以内加减法"时,同样可以借助这一软件,让学生自己用形象的物品动手操作,去表示加减法算式,使学生在动手操作的过程中,直观地感受和理解加减法的含义,有助于学生掌握计算方法,以及培养学生利用信息技术解决问题的意识。

为了推进教育信息化的进程,我们要大力培养教师的信息素养,不断地提高教师的信息意识和信息技术能力,以达到提高课堂教学效率,提升学生信息素养的目的。教师既要肩负起时代赋予现代教师的教育使命,更要进一步展现教育情怀。

## 第二节　信息技术应用能力提升
## 工程2.0下的数学微课

随着新技术、新思维的发展,智能时代带给我们一个追求个性化、碎片化、快速更新的互联化环境。微课,它具有时间短、内容精、可重复使用、便于转发等优势,满足了个性学习、移动学习、翻转学习和混合式学习的教育需求。

## 一、对微课的认识

微课是在现代信息技术背景下,在课堂教学过程中运用现代教学媒体提供的短视频,为教师的教和学生的学提供可视化学习素材。一般教学微课应当突出教学的重点,帮助学生突破教学难点,解决学习中的疑点、易错点,突出训练点。可以在课前、课中和课后作为预习、学习、复习的资源。微课广泛应用于课堂教学的过程中,是教师逐步完成教学理念和教学方法转变的过程,有利于促进学生学习的变革与创新。

尤其是疫情时期,针对学生线上学习中遇到的困惑,我们不断探究如何借助微课实现分层教学、实现个别辅导,为此研究了近两年的时间,我们从课前微课,课中微课,以及课后微课进行系统思考,实现信息技术应用能力提升工程2.0(后简称"工程2.0")与数学课堂的融合。

## 二、微课的设计与实施策略

工程2.0下的数学课堂初探,也就是根据课中微课的特点、作用等对微课进行具体剖析、分类;明确课中微课的设计方向,便于资源的整理与应用。

### (一)化抽象为形象类微课,以增进学生的理解

数学具有高度抽象的特点,而小学生的抽象思维还没有完全建立起来,很多问题的理解还离不开形象思维的支撑。教师把这类问题设计成微课,用它来辅助教学,这样可以使学习内容具体化、思维可视化。例如,在教学"角的认识"时,教师借助手工活动引导学生理解"角的大小和边的长短没有关系",但一些学生始终认为"角的边变长了,角就变大了"。对学生来说缺少形象微课的过程,还不能达到抽象思维的层次。这时播放微课,通过直观演示,学生发现边的长短变化时,角的大小是没有改变的,而"开口"变化时,角的大小才有所改变。

再如年、月、日这一抽象的知识,学生在教师的讲述中,难以想象出天体运动的相互关系,这时候教师就可以把这部分内容做成微课。通过微课的演示,学生发现太阳、地球、月亮之间的关系后,理解了年月日的概念。微课中动态的变化实现了思维的可视化,学生在前后对比的过程中深刻理解了知识背后的数学本质,这样的微课虽然简单,但是却非常实用。我们也需要注意的是,不能过

分追求可视化和趣味性,满足于短暂的视觉快感和心理愉悦,而养成思维的惰性。

## (二)文化浸润类微课,促素养得以提升

在研究微课过程中,我发现小学1—5年级的教材中,每册教材中都会介绍1—2位数学家的故事,还有一些数学文化知识的延伸,将这些数学文化制作成文化类微课,对学生的学习是特别有帮助的。例如:我们可以通过微课让学生了解祖冲之、刘徽、华罗庚、陈景润、高斯等数学家。通过微课让学生了解一些数学文化知识:比如一年级"认识数"的教学课程中,通过微课让学生了解我们人类在远古时代是怎么计数的,最后是怎样创造了数字;二年级下册"万以内数的认识"的教学课程中,通过微课让学生了解古代人类是如何发明了算盘,是怎样用算盘进行计算的,使学生充分感受到古代人类的智慧。还可以借助微课了解很多这样的数学文化知识,"数字黑洞"知识,韩信点兵和鸡兔同笼所蕴含的数学知识等。数学就是我们劳动人民和这些数学家们在一定文化背景下的一种发明和创造。

所以,文化类微课,它有助于学生更好地理解数学的本质和特点,提高学生的数学素养,激发学生的求知欲和创新精神。以文化类微课为载体,讲好数学故事,传播数学文化,使学生在数学学习过程中真正受到文化浸润,产生文化共鸣,促使学生提升数学素养。

## (三)形象演示类微课,服务全体学生发展

微课选题的时候要严谨,应该选择教学的重难点,要做到心中有学生,了解学生的需要。特别是在培养学生操作能力和空间观念的时候,制作微课就非常有必要。通过连贯性的演示,可以让学生从间接学习变成直接学习。比如教学生画平行线、画高这样的内容,再比如讲解角的度量的知识、量角的方法、怎么画平移、画轴对称、画旋转图形等,这些都可以制作成演示类微课。

又比如在学习观察物体时,有些孩子由于视角有偏差,造成看到的图形不准确,在这里使用演示类微课,示范正确的观察角度,通过对比,能将出现的问题剖析更透彻,便于理解和记忆。

演示类微课有很多的优点,可以让全体的孩子都有所提高。首先,教师可

以根据重难点来制定微课的内容,这样就可以更好地突破教学重点和难点。其次,连贯性的直观演示,可以让学生间接性的学习变为直观性的学习,更容易让学生形成技能。另外,微课可以在不同时间、不同地点反复播放,能够让许多学生实现学习成绩的快速提高。一节微课要用短短的几分钟将整节课的内容进行浓缩,那么需要教师在备课过程中用精炼、准确的语言概括所讲授的主要内容,才能利用微课更好地实现高效课堂。演示类微课,在其他学科中也有广泛的应用,解决了因场地、观测角度等带来的一系列问题,促进全体学生的发展。

### (四)拓展延伸类微课,引发学生深度思维

小学中很多题目的另类解法都可以用微课的形式呈现,比如在学习笔算两位数乘两位数的时候,教师给学生播放了铺地锦的微课。铺地锦的方法其实和教材呈现的竖式有相通的地方,都是用其中一个乘数的每一位数去乘另一个乘数的每一位数,再把乘得的积相加,满几十就向前一位进几。引发学生意识到原来竖式还可以写成这样的形式,学生的思路就被拓宽了。

五年级下册"探索图形"这一综合实践活动,探索的是正方体涂色的规律。学生学完这节课后,老师选择了一种比较特殊的魔方——金字塔魔方来制作微课探索规律,这样就对课堂内容进行了恰到好处的补充和延伸。魔方的种类非常多,比如一些异形魔方,学生看完这节微课后,还可以根据自己的兴趣进一步探索。

所以说,从学习内容上来说,拓展类微课不拘泥于教材,它让学生的学习内容在更广阔的背景上,获得了全方位的充实和增加,极大地满足了学生学习的需要。课上播放的微课是短时拓展学生视野,我们更期望达到的目的是激发学生的探究欲望,让学生走出教室后也能持续探究,引发学生深度思维。探究的形式是多种多样的,可以和小伙伴合作探究,也可以独立思考,查找资料或动手实验。不论选择哪种学习形式,学生都亲身经历了发现问题和解决问题的过程,而且可以在实践中改进方法,实现解题策略的优化,进而把知识转化为能力。

### (五)场景创设类微课,使数学变得生动

数学知识中有些内容比较难,教师可以巧用微课,使数学问题场景化,让学

生在生动的场景下学习,会起到事半功倍的效果。比如在小学中高年级每册数学教材的最后一个单元——数学广角,都是贴近生活的数学问题,可以制成场景类微课。引导学生化陌生为熟悉,降低学生解决此类问题的难度。如在教学"鸡兔同笼"一课时,教师用微课出示古人解决此类问题的方法——"抬腿法",使"鸡兔同笼"这一流传至今的数学名题解决问题的方法可视化,增强学生学习的趣味性。

在教学相遇问题的时候,也可以制作场景类微课。首先,相遇问题中术语比较多,比如相背、相向、同时、相距,并且速度和的概念学生也不易理解。其次是行程问题,它的变化也比较多,是解决问题教学的难点。针对学生的认知特征,场景类微课发挥了重要作用,它可以真实模拟、还原现场,形象直观地帮助学生建立物体位置移动的空间想象力,让学生更好地理解专业术语,进而突破此问题的难点。

有些问题需要一定的生活经验作为基础,否则不太容易理解问题是如何产生,又是如何解决的。例如在学习统筹规划时,哪些时间可以节省,又是如何节省的,光凭教师的语言叙述效果不太理想。如果制作成微课,场景设定在厨房或者客厅,学生以观察者的角度思考问题解决的全过程,这样能快速帮助学生建立数学与生活的联系,使问题解决更高效。

"场景创设类微课"以解决实际问题为目的,微课中充分利用信息技术,化静态为动态,化抽象为直观的独特优势,激发学生强烈的学习兴趣,让学生经历从场景类微课到数学知识的探究过程,从现象到本质的思维过程,引发学生进行深度思考。

需要注意的是,数学的知识结构呈螺旋式上升,其很多内容可以通过迁移与类比、猜想与验证、交流与辨析等数学思想来完成,完成的过程也正好是思维发展的过程,所以我们要谨慎设计微课,把握好微课使用的度。另外,微课不是破解教学中可能出现问题的唯一方法,还可以有许多其他的方法,如个体操作、群体演示、多元合作等融合式学习方式。选择适合的方式与现代信息技术相融合助力于数学课堂教学的实践和学生思维的达成,提高教育教学的质量。

## 第三节　"育术课堂"视域下的常态化线上教学

随着时代的发展,线上教学已经成为常态化的教学手段。为贯彻落实教育部等五部门联合下发的《关于大力加强中小学线上教育教学资源建设与应用的意见》，更好地落实国家、省、市关于"双减""五项管理"的相关文件要求，为全力保障小学生在特殊时期"停课不停学"、确保广大师生在特殊时期有安全的学习环境，最大程度降低特殊时期对教学工作的影响，切实完成教学目标，使线上教学工作有序开展，提升线上教学效果和质量，我们进行了"育术课堂"视域下的常态化线上教学实践与研究。

## 一、线上教学的意义

以保障学生身心健康发展为前提，坚持立德树人为根本任务，落实五育并举的教育方针。在特殊时期做到"停课不停学"，将学科课程学习与抗击疫情紧密结合，对学生进行爱国主义教育、科学教育、健康教育等。引导学生自主学习、自主管理、自主实践、自主成长。引导广大小学教师在线上教学岗位上发扬钻研精神、奉献精神，保证小学线上教学的质量，在特殊时期坚守教育教学岗位，为疫情防控的整体工作贡献力量。

## 二、指向"育术课堂"的常态化线上教学实施策略

从某种意义上来说，线上教学将"育术课堂"的理论指导与实践有机结合的功能最大化。在线上教学期间，通过线上巡课、研讨及问卷调查等方式，了解到线上教学还存在一些问题，比如：课堂的氛围不十分活跃；以学生为主的教学理念难于有效落实；个别教师语言表达随意性较强、教学方式单一；作业布置未体现差异；因平台选取不当，使用不熟练导致线上教学卡顿、不顺畅等。为了进一步规范线上教学行为、提升线上教学质量，我们针对线上育术课堂提出以下建议：

### 1. 依托信息技术，科学规划时间，缓进度降难度

全市各小学线上教学要严格按照课程标准执行，按照国家课程方案规定的课时占比对各学科每天在线教学课时进行总体安排，各班级提前制定并公布线上教学课表。建议小学各学科每节课授课时长以 15—20 分钟为宜，并适当调整教学的进度、难度，可以比线下教学慢一些、易一些、少一些。应保证学生能够"看得懂、记得住、跟得上、学得好"，确保教与学的质量。

线上育术课堂教学模式，要注意师生之间的交流和互动，不要做"填鸭式"

的单向灌输,教师要做好组织课堂学习的节奏,做好引导者的身份定位。教师在线上教学中,要做好课堂的"首尾两端"工作,"首"即精心策划和布置学习任务,让学生在线下时做到自主学习、合作协商、探究讨论;"尾"是及时点评学生提交的作业,有助于归纳总结知识难点,并且对教学中学生的表现进行评价指导。利用信息技术手段,提升学习效能,缩时提质。

### 2. 依托信息技术,抓好集体备课,保证教学进度

在备课中应发挥团队的力量。学校各科教师应针对线上教学制订教学计划和教学进度安排。学校要鼓励、组织、指导教师,保障线上集体教研与备课工作的开展,其方式可以是多样性的,比如采用腾讯视频会议、微群交流、文档在线实时编辑等方式,解决学科关键性问题,提升线上教学的实效性。同时,信息技术还能够保障教师的线上教学研讨,为研讨活动拓宽交流空间,为课堂育术保质提效。

### 3. 依托信息技术,重视课堂互动,关注学生心理

课上利用信息技术与建设网络学习空间,促进教师与学生的互动交流。教师提出的问题应具有一定的思维价值,给学生思考的空间和时间,能吸引学生,避免语言随意性。学校层面要保证各班级每周有一节课进行师生之间的互动交流,内容可以拓展到生命教育、心理健康教育、班队会等,给学生减压,防止学生出现心理问题。

### 4. 依托信息技术,合理利用微课,提倡混合教学

根据线上巡课、问卷调研等了解的情况,多数教师采用小学生观看教育云平台的微课,然后教师进行答疑辅导的方式进行线上教学。应合理利用微课,采取多种线上育术课堂教学方式,激发学生学习兴趣,提高学习效果。鉴于小学生年龄和心理特点,一些学校的线上教学采用以教师直播教学为主,教学中间根据需要穿插选择使用微课片段的方式进行。实践证明,这种混合式的线上教学方式能够促进学生思维的活跃和师生信息素养的发展。

### 5. 依托信息技术,提升作业品质,强化作业反馈

作业的数量、时长、难度,都要合理。根据线上学习的特点,借助各种 APP 科学、多元设计作业的内容和形式,布置书面阶梯作业和多样性实践作业等,保证书面作业的总时长符合国家要求。

### 6. 严审课件内容,规范课件制作,恰用技术功能

教学课件尽量采用简单的方式切换页面,插入的图片、视频等素材,要符合学生认知特点,不干扰学生注意力。技术是为教学服务的,恰当使用信息技术功能,促进学生有意注意和无意注意的交替发生,提高教学质量。

### 7. 科学设置课间,有效防控近视,合理使用技术

教师应指导学生进行合理的休息、运动,合理调整休息间隔,做眼保健操、远眺等有利于保护学生视力的活动。多方位促发学生的视觉、听觉、触觉、嗅觉等感官学习的并用。教师应准时上下课,切忌超时。合理地使用信息技术能有效帮助学生逐步建立正确的信息意识和观念,也可以在课间安排音乐欣赏、户外运动和打扫卫生等活动。

### 8. 立足校本特点,加强整体管理,发挥技术职能

学校要根据线上教学实施方案,采取"一校一策"的方式,形成责任分工和组织机构。不同岗位的管理人员承担不同的管理任务,做到分工明确,责任落实到人。管理人员应及时、按量地进行巡课,发现问题,及时解决。同时通过集体备课交流分享优秀做法,研讨教学策略,发挥网络学习空间的共享作用。

小学一、二年级的学生原则上不硬性要求参与线上学习活动,以指导学生居家综合学习实践活动为主,鼓励各学校向家长提供适合一、二年级学生的居家游戏和亲子互动的素材,给予家庭教育指导,提高亲子陪伴质量。

### 9. 关注特殊人群,给予特殊关爱,技术温暖育人

应提高对特殊人群的关注度,如留守儿童、随迁子女、困难家庭子女等学生的线上学习可能会有一些困难,要建立和落实相应的学习制度,依照信息建立特殊人群人员名单,确无遗漏。对无法正常线上学习、有实际苦难的学生,需要提供必要的帮扶和相应的指导工作;对家庭经济状况困难(没有线上学习条件),但是热爱学习、品学兼优的学生,校方要给予特殊关照与爱护,关注改善学习环境;对重点疫区的学生,要及时通过多种办法给予必要的教学辅导。

### 10. 家校协同配合,净化学习空间,技术纯净育人

加强家校沟通,指导学生、家长熟悉掌握线上学习方法,及时解答线上学习遇到的问题。建议小学生尽量能在家庭成员陪伴下参与线上学习活动。加强网络学习空间的引导与监管,确保网络学习空间清朗、纯净,传播正能量。

**11. 选择合适平台, 保证网络顺畅, 促育术软着陆**

每所学校应根据实际情况进行全校授课平台测试, 选择最适合、最顺畅的平台。(1) 软件和平台。a. 线上课堂应用软件。b. 可兼容的课堂批注软件。c. 书写演示软件。d. 作业收取和批阅软件。e. 学生课堂内容复习软件。(2) 小学各学科微课资源推荐: 各小学线上教学以哈尔滨教育云平台微课为主, 也可登录"国家中小学网络云平台"https://www.zxx.edu.cn/。

## 三、线上教学的评价

线上教学的评价体系, 是促进线上育术课堂教学质量的有效手段与途径。各小学应当切实履行教学管理职能, 建立适应线上教学的管理及评价机制, 班主任和任课教师要及时掌握学生的听课、学习情况和作业、练习反馈情况, 并通过有效的评价机制促进学生线上学习效果的提升。

### (一) 低年级线上育术课堂教学"三评价"

低年级学生的线上学习采取"自愿原则", 评价建议以学生参与答疑辅导的参与度、学习的状态、回答问题的效果, 从"教师评价、学生自评、伙伴他评"三个方面进行过程性评价。

**1. 教师盘点学情, 实现评价管理**

教师要充分认识对学生居家学习期间的干预和管理是十分必要的。可以以周为单位, 定期进行一次学情盘点会, 时间以 15 分钟左右即可, 需要突出以下几点内容: 一是树榜样。要以鼓励、评价为主, 着重表扬近一个周期内表现突出, 学习效果明显的学生, 作为"学习标兵"让其他学生有追赶目标的动力; 二是勤提醒, 常沟通。因线上学习, 学生在家, 课堂对学生的约束力不强, 容易出现自律性差、不积极主动、配合度不佳的学生, 应进行提醒, 必要时和学生、家长进行单独沟通, 赢得学生和家长的配合。三是给力量, 讲方法。每次学情盘点会, 都需要渗透励志教育, 加强自律和自主学习的重要性, 把疫情带来的危机变成学生学习力、自主学习能力、自律能力的提升机遇。

**2. 学生主体参与, 实现评价多元化**

除教师进行评价外, 学生自评、学生之间互评、家庭评价也应得到足够的重视。低年级学生的评价需要讲究技巧,一方面要重视学习知识与技能的理解,另一方面还要关注情感交流和学习态度方面的变化。因此学生学习结果要关注,学习过程中的变化和发展也要关注。让学生对自己一段时期以来学习的情况有针对性地进行自评是学生自我激励的一种行之有效的评价方式,设计符合班级特点的自评表,建议从"上线时间、回答问题、读写姿势"等方面进行自我评价。低年级学生缺乏这方面的经验,授课教师要做好引导。

### 3.手段多样化,实现过程性评价

教师要善于利用评价所提供的大量信息,对低年级学生评价结果的描述采用鼓励性语言,发挥评价的激励作用。评价要因人而异,重视学生个性差异,尊重保护学生自尊心和自信心。评价方法多样化,可以"比一比,看谁的笑脸多"、可以"口头表扬,积累点赞卡"、可以"借助现代媒体技术,系统设置点赞功能,自动统计汇总"、可以"通过问卷星等形式进行过程性评价的统计"。总之,对低年级学生线上学习的评价要以激励性为主,全方位、多角度进行。

## (二)中高年级线上育术课堂教学"三评三促"

### 1.线上家校共协作,以评价促效果

学校可以建立家校共育机制,召开线上家长会,引导家长参与协助、监督管理孩子的线上及居家学习;可以建立家校评价互动沟通制度,让家长提供学生居家学习的状态及情况。教师可以针对学生的线上学习和居家学习的总体情况进行综合评价,让学生在居家学习期间也能够自律、自主、自觉进行学习及生活。切忌让家长参与打卡、拍照、录视频等学习活动监控,给家长增加不适宜的负担。

### 2.作业实施有方向,以评价促提升

教师可以根据线上教学和学科特点,充分利用网络学习平台的各种功能对学生的作业进行评价,此类功能不仅可以直观地反映班级作业的整体完成情况,还可以关注个体差异及有针对性地跟进和反馈。

### 3.多元形式有内容,以评价促学习

各小学可以创造性地进行教学评价,坚持全体与个体相结合的原则,充分利用学习平台的功能,依据学科特点创建快捷方便的评价方式,如线上学习采

用视频互动答题;建立作业和"课堂小测"展示群,每天进行学习成果展评,也可进行个体或者全体的评价,采用文字、语音形式均可;也可利用图片涂鸦功能,直接在作业上进行评价和文字说明;也可利用线上育术课堂教学的留言功能,设立成学生课后交流、反馈问题的场所,如"这节课主要讲的是什么""这道题我没理解""我的学后心得"等,教师根据学生提供的内容进行及时评价与反馈。

当恢复线下育术课堂教学,各小学要做好衔接工作,校方要组织教师对学生线上的学习成果进行摸底,判断学习质量,着重对已学课程内容进行梳理和复习,保证每个学生都熟练掌握已学知识内容,然后再进行新的课程教学。

线上育术课堂教学常态化,线上育术课堂的有序组织、合理安排,线上作业的分层精选、有效反馈,线上育术辅导要亲切耐心、体现人文关怀,做到五育并举,促进成长!

## 第四节　小学数学解决问题的策略与方法

以小学数学解决问题的策略与方法充分体现"育术"课堂。

在新课标颁布之后,传统的小学数学课堂教学中的"育术"已经与现代教学中更注重实践性、社会性的"育术"进行有机结合,发挥各自优势引导学生将所学知识更好地运用于实际生活当中。"育术"一方面指"技术",培养教师和学生的信息技术运用能力,提升学生的信息意识、信息素养,重视学生的终身可持续发展,同时,又培育教师信息技术教育教学能力;另一方面"育术"也是指"策略和方法",培养学生发现和提出问题的能力,并在遇到数学问题、生活问题时,能从数学的角度去分析和解决问题。

### 一、策略与方法是课堂育术的关键

随着课程改革的不断深入,小学数学教学发生了十分明显的变化。以往的教学内容主要体现在将解决实际问题放在重要位置,而"育"与"术"融合,让学生可以将数学学习与实践应用有机结合,从而实实在在解决现实生活问题。以应用题为例,在《义务教育数学课程标准(2022 年版)》中,已经看不到"应用题"这个名词了,而是推出"生活中的简单问题"和"简单实际问题"等,"解答应用题"也变成了"解决实际问题"。

《义务教育数学课程标准(2022 年版)》里的"问题",不再是纯粹的数学题,也不再是"识别题型、回忆解法、模仿例题"那些靠死记硬背题型就可以解决的"题"。这时候育术对学生能力提升的作用就体现了,遇到问题不需要考虑题型,只需要学生通过思维活动去进行观察、思考、猜测、交流、推理等,就可以解决所遇到的问题。这就是课堂育术的优势,可以帮助学生从数学的角度提出问题、理解问题,最终综合应用所学的知识和技能解决问题。

都说兴趣是学生最好的老师,引导学生产生学习兴趣是进入学习角色的关键。一旦学生对学习产生了兴趣,积极主动的学习精神就会取代原有的被动"填鸭式"学习。学习的兴趣,需要在符合客观事实的情况下才能被激发,使"术"在"育"的引导下不枯燥,"育"在"术"的充实下更具体。教师可以利用信息技术等更为直观的演示手段,吸引学生目光,激发学生的好奇心,进而勾起学生强烈的学习欲望,充分调动学生参与探索问题的主动性。在师生结合客观事实,深入探索、分析"术"的阶段,需要重点引导学生的主动性,让学生根据已发现的客观事物的发展规律,走进实际生活、学习当中,循名责实地把需要解决的问题进行深入剖析和研究。师生的活动可在课上或课下,分成各个小组以参加比赛的形式准备、策划、组织活动,不仅要体现实际性、社会性和应用性,突出知识的审美性、专业性、专一性,还要促使学生意识到专业知识在实践活动中具有的价值和意义,让学生可以在实践活动和社会生活学习下更好地掌握、运用专业知识。

小学数学教育体现以"术"为纽带,以"育"为主导,"数学学科是寓表现学科、技术学科、艺术学科、人文学科、社会学科于一体"。数学课堂教学中,促进学生的观察力、记忆力、想象力的发展,帮助学生对一些现象进行抽象的概括,使学生学会有条理、有根据地思考问题,帮助学生由旧知识探求新知识。通过课堂育术,孩子的计算能力、逻辑思维能力、分析综合能力、抽象概括能力、判断与推理能力等都能得到有效的提升。

## 二、"育术课堂"中解决问题的方法和策略

如何在课堂教学中让育术真正发挥作用?这需要从解决问题的策略与方法出发。需要教师细心、耐心地看待教学任务,将问题设在重点处、关键处、疑难处,激发学生探求知识的欲望,以达到更好的教学效果。

### (一)创设问题情境,培养学生的兴趣

以提出问题的方式进行育术教育,不失为一种好方法,特别是巧妙的问题,能够激发学生的兴趣,更好地集中注意力,积极发动思维思考。例如,在教学六年级上册"圆的认识"时,可以先播放一段"小动物骑车比赛"的动画片。蓝蓝的天,绿绿的草地上,有四种小动物骑车子参加比赛,车轮形状分别为正方形、三角形、圆形和椭圆形。在比赛开始前,可以引导同学们先猜猜看,谁的车子跑得最快?为什么?比赛伊始,学生认真观看视频,只见小白兔(骑圆形车轮形状的自行车)一马当先骑得飞快,而另外三只小动物怎么努力都赶不上,还险些把屁股颠坏了。动画片有好听的配乐,色彩鲜艳的场景和有趣的故事情节,会让学生乐于集中精神观看视频。同学们在笑的过程中发现了问题:为什么比赛结果跟我的猜测不一样呢?为什么其他三个小动物的自行车会又难骑又颠,而小白兔的自行车既平稳又快?多媒体的动画演示有效地抓住了学生的注意力,巧妙的问题也激发了学生主动探究圆的知识的兴趣和情感,起到了"一石激起千层浪"的效果。

### (二)增加教学互动,用提问方式提高学生的理解能力

以提问方式激发学生热情,让学生更加积极主动参与到学习当中,这一教学育术,既要看到积极主动的行为方式,又要重视隐藏于内心的心理的投入、情感的投入和认知的方式,坚决舍弃无思维创造的问题和无需作评价的对答方式,特别要关注有自卑心理的学困生。要把握提问的难度,使学生"跳一跳能摘到桃子"为宜。在有效的教学中,教师应尽可能地把师生之间的问答巧妙地转换成同学间的讨论,在教师的引导下"学生间的互动"才堪称"师生间的互动",充分培养学生的理解力。教师应该完全替换掉一问一答的低效率单向交流模式,采用更加合理的课堂育术法,让学生动手参与实践——思考特征——学习交流——提升概括出有余数除法的特点。在真正高效的互动交流中,学生可以不受限制的产生思维的碰撞,进一步完善自己对问题的认识,从而不断产生新的想法。只有在真正高效互动交流中,学生才能学会学习、学会交流、学会合作。

### （三）读题、审题能力的培养是小学数学问题解决的关键策略

所谓策略：是指通过研究，用于更好地完成某一任务的行动方式。策略也可理解为方法却又不完全等同于方法，它是为了更好地完成指定任务，并能达到预期目标的思维与行动，所采用的最为高效、便捷的方式方法。

现行的数学教材为我们提供的素材内容有：小数乘除法，平面图形的面积，立体图形的体积、表面积，分数和百分数，比和比例，数与代数和空间与图形的知识，以及数学思考涉及的鸡兔同笼问题、植树问题、烙饼问题、找规律、确定起跑线、自行车里的数学等数学活动内容。这些内容与现实生活联系比较紧密，便于学生领会核心知识点，解决现实中所遇到的问题，提高学生的逻辑思维能力和解题能力，进而达到育"术"的目的。

读题、审题是解决问题的前提，所以对学生来说，把题意审准就变成更为重要的内容。"书读百遍，其义自见"是数千年的历史经验总结，所以读题的准确性成了解决问题的重要依据。审题可采用"三次阅读法"，即首先大体上通读了解全文，只需要了解问题是什么，都有什么有用信息即可，如：是走路，做工作，还是买东西……其次是精读，找出准确的已知条件，如：一个盒子长 8 分米，宽 6 分米，高 3 分米，绳子长 4 米。很明显，这道题的关键词是：长度问题。最后是详读，理清数量关系，确定解题步骤，形成解题思路。在实际教学中，经常会发现有的学生没有读懂题意的情况，自然导致解题错误。如：一段绳子长 $\frac{5}{6}$ 米，剪掉 $\frac{1}{2}$，还剩多少米？很多学生会因没搞清楚 $\frac{1}{2}$ 与 $\frac{1}{2}$ 米的含义或没看清题而出错。所以，读题、审题是解决问题的前提。

### （四）分析问题能力的培养是小学数学课堂教学中的教学策略

#### 1. 摘录

新课标教材中，很多数学问题是以现实生活情境的形式呈现的，所以在解题过程中，可能无法准确找到所需要的已知条件，所以需要学生先分析问题，经历一个收集信息的过程，可以采用摘录的方式进行，然后再解决问题。教师在教学时，应让学生先观察情境图，了解有效的数学信息，并把有效的信息分类记录。学生可以记作：一束气球有 5 个，有 4 束，一共有几个气球？一瓶矿泉水 2

元,5 瓶矿泉水要多少元? 信息摘录的方法多种多样,尤其在低年级,可以引导学生用语言简要地表述已知条件和所要解决的问题,为分析数量关系、探究解决问题的方法做好准备。

### 2. 画图

画图是一项可简单掌握的具体化的策略,符合小学生的思维特点。在画图过程中,学生可以有效了解问题、分析问题和解决问题,可以帮助学生拓展思路。画图包括画线段图、实物图、示意图等。其中最简单的当属是画线段图,也是使用率最高的,因为线段图可以帮助理解很多数学问题。如:安装路灯问题利用线段图,更加利于分析理解,有效降低学习难度。先引导学生弄清楚线段图中的数值关系,再将安装路灯问题分成三种基本类型:1. 公路两端都安;2. 只安一端;3. 两端都不安,建立模型,进而引出数路灯,路灯间距等问题。行程问题同样可以用画线段图帮助分析,稍复杂的可结合演示法让学生演一演,走一走帮助分析、理解。

### 3. 模拟演示

小学生的解决问题过程,其核心内容是将实际问题概括成简单的数学问题。例如:播洒农药的车每分钟走 20 米,喷农药宽度 30 米,半小时能喷洒多大的农田? 分析这道题,就是要把洒农药的覆盖面积抽象成一个长方形,利用长方形面积公式解答。对于一些较复杂或难以理解的问题,可以通过用人或物模拟问题情境来帮助学生理解问题。如这样一个问题:小明去操场跑步,他在跑道跑了两圈,共跑了 2000 米,这个跑道多长? 在这个问题中,对"两圈"的正确理解是解决这个问题的关键,教学时可以让学生实际去操场上"走一走"来模拟情境,也可以用物体代替跑道进行情境模拟,有助于学生准确理解"两地""同时""相对""相遇"这些关键词,为解决问题减少障碍。根据问题的特点,必要时教师可以为学生提供学具,指导学生一边操作、一边深入研究解决问题的方法。

### 4. 列表

在一些相对简单的实际问题的过程中,列表是另一种有效分析问题的策略。通过列表,可以将所有与问题有关的信息集于一体,帮助学生整理信息、分析数量关系、寻找解决问题的方法。教学中,教师要引导学生根据问题设计表格,并将有关信息、问题等填入表中,利用表格分析数量关系,探索解决问题的方法。

#### 5. 简化

当遇到叙述较为复杂且不容易表述的问题时,就可以采用简化的策略。简化的策略一是化繁为简,去掉与问题无关或者是无用的信息,减少干扰。二是化大为小,如果问题过大,就把大问题分解成若干小问题,使问题更加直观清晰。例如,节约用水问题。水的宝贵不言而喻,在日常生活中,浪费的水如果聚集起来将是一个很大的量。比如刷牙时,水龙头每 10 秒流失的水约有 500 毫升。如果一个人每天刷牙两次,每次大约用 180 秒,全国约 14 亿人,那么每天流的水是多少千克?合多少吨?一年 365 天又将流失多少吨?因为要宣传节约能源,教育大家节约用水,题目内容相对较多且复杂。在分析问题时,可以采用简化的策略,先去除一些无关因素,然后引导学生把问题化解成一些小问题,如每秒流失多少升?一天流失的水是多千克?365 天流失的水是多少吨?这样简化,有利于学生有条理地思考问题、解决问题。

这些策略的运用应该是多元选择的,恰当选择可以起到事半功倍的效果。

### (五)问题解决是小学数学课堂教学中的核心

问题是数学的心脏,问题的发现、提出、分析和解决是学生发展的核心能力,是小学数学课程目标的核心内容,在教学中创设问题情景、将知识学习和实践活动相结合、通过开放式教学和信息技术教学培养学生解决问题的策略与方法。

#### 1. 创设有效问题情景

数学是解决生活中所有问题的基础学科。教师在教学过程中,会提前建立起模拟生活中的情景,让学生处在较为真实的环境当中,能够切身体会到数学的解题过程是能够解决生活中真实存在的问题,有更好的学习代入感。接近真实生活的教学场景,能够吸引学生的兴趣,使学生更好地融入所建立的环境中,主动去学习、去探索。运用场景的教学模式,可以增强学生对数学知识的应用,提高他们解决问题的能力。

#### 2. 通过实践活动解决问题

数学的教学可以走出课堂,教师可以设计出趣味性的活动,让学生在活动中学习。学生的学习,不仅要记忆知识,更重要的是将知识运用于实践中。通过一些活动,学生可以进行比较、观察、分析,再进行概括总结,探讨事物的规律。这也是以现有知识和经验去主动建构的过程,能够帮助学生获得更好的思维能力、观察能力、分析能力。

### 3.开放式教学促进问题解决策略的多元化

教师要根据课改要求改变原有的教学方式,注重改进学生的学习方式。引导学生自主参与动手实践活动,改变过去的机械性记忆和模仿。利用开放式教学优势,能培养学生的创新思维,遇到问题不再只是局限于教师所教的方法,他们懂得运用自己所学知识、发散思维去解决各种问题,这样可以提高学生解决问题的能力。

### 4.将技术和策略方法相结合提高教学品质

当今社会,网络技术和多媒体应用的迅速发展,使得网络上有大量的教学资源。教师要充分利用网络平台,在教学中遇到不容易理解的内容可以用图画演示,让课堂教课既形象生动,又更加丰富多彩。

上面所提的各种策略是使用频率较高的,在实际解决问题时还可能遇到难以解决的情况,就需要运用尝试、找规律、从简单情况入手、从相反方向思考等多种策略。所以在日常教学中,教师要有意识地帮助学生学会归纳解决问题的策略和方法,让学生可以掌握有效解决问题的策略和方法,促进学生策略性知识的有效学习。

总之,课堂教学中育术意义重大,是值得投入精力做细致研究的重要课题选项,需要在今后的实际教学中,不断探究、细心体会、查缺补漏,才能让课堂育术更好地发挥作用,使课变得更加生动活泼、富有成效。

# 第六章
# 评育相依 提升课堂之质

本书在以上章节就面向未来的小学数学育人课堂的社会需要、美好展望、理论依据,以及"育德、育学、育思、育术"之间的关系(即:凸显育人价值,夯实课堂之基;引发真正学习,立足课堂之本;关注高阶思维,构筑课堂之根;促进术数相融,凸显课堂之妙)分别进行了论述。基于以上论述,我们对面向未来的小学数学育人课堂之"育德、育学、育思、育术"的价值体现有了新的认识,如下图所示。

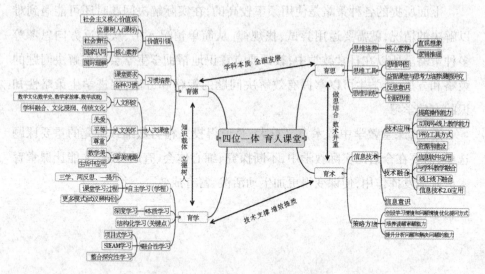

图 6－1 "四位一体"育人体系

评价是指评定价值的高低。然而在教育的范畴里,评价的含义却远非如此。教育之道在于育人。教育如养花,育人如树木,十年树木,百年育人。评价以育人为目的,育人以评价为手段,两者唇齿相依,缺一不可。

《义务教育数学课程标准(2022年版)》指出:"评价不仅要关注学生数学学习结果,还要关注学生数学学习过程,激励学生学习,改进教师教学。通过学业质量标准的构建,融合'四基''四能'和核心素养的主要表现,形成阶段性评价的主要依据。采用多元的评价主体和多样的评价方式,鼓励学生自我监控学习的过程和结果。"①

由此可见,评价是促进课堂教学水平提高的有效手段,是以推动师生共同发展为目的,依据面向未来的小学数学育人课堂的整体目标去设定评价内容和评价标准的过程。我们应顺应时代潮流,顺应面向未来的小学数学课堂的育人要求,遵循目标多维度、内容多元化、方法多样化,根据目标设定内容,根据内容选择方法。

本章将结合面向未来的小学数学育人课堂的教育理念,将评价作为小学数学课堂导向,在深化理解面向未来的小学数学育人课堂的评价目标多维度、评价内容多元化和评价方法多样化的基础上,着重从小学数学课堂教学评价、学生学业质量评价及在"双减"背景下的作业评价三方面,针对具体课型、具体案例和方法策略进行分别阐述。

# 第一节 育人背景下的评价目标、内容和方法

社会在发展,对人才的要求也在提高。在面向未来的小学数学育人课堂的背景下,单一的课堂教学评价目标、内容、方法已经远远无法满足课堂教学发展的需要。这就要求教师在坚持课堂教学评价发展性原则的基础上,实现课堂教学评价的目标多维度、内容多元化、方法多样化,以此来适应面向未来的小学数学育人课堂的整体目标。

## 一、评价目标多维度

目标——目的和标准。评价目标包括:评价目的和评价标准。

正如上文所述,面向未来的小学数学育人课堂的评价目的不是单一化的,而是多维度的。既要全面了解学生的数学学习过程,又要全面了解学生的学习

---

① 中华人民共和国教育部. 义务教育数学课程标准(2022年版)[S]. 北京:北京师范大学出版社,2022:3-4.

结果;既要起到激励学生学习的目的,又要起到改进教师教学的目的。不仅如此,评价的目的还在于"全面":既要评价"学",又要兼顾"思";既不可忽视"德"作为学习的推动力,对于学生的内在影响,又不能轻视"术"对于数学课堂的推动作用。而这正体现了本书所倡导的,面向未来的小学数学育人课堂之育人目的。因此,评价目的的多维度,指的是"育德、育学、育思、育术"四方面的有效结合。

何谓评价标准? 它是指人们在评价活动中应用于对象的价值尺度和界限。评价的客观性因素是评价标准具有科学性的重要依据,是指相对于评价准则所规定的方面,所确定的优良程度的要求,它是事物质变过程中对量的界定。评价标准作为评价活动的核心部分,是人们价值认识的反映,能够表明人们重视什么、忽视什么,具有引导被评价者向何处努力的作用。

评价标准如尺,评价目的如度。度掌握其分寸,尺丈量其毫厘。测量对象有多长? 该用哪把尺来测量? 度来定位,尺来实测。多一把尺子,多一批人才。由此可见,评价标准也不是单一的、一成不变的,它的发展和变化是由社会需要决定的,是由评价目的决定的,是由面向未来的小学数学育人课堂的整体目标决定的。面向未来的小学数学育人课堂的整体目标决定评价标准,评价标准决定评价内容,评价内容决定评价方法,评价方法作用于课堂教学。因此,教师要从面向未来的小学数学育人课堂的整体目标出发,从而促进课堂教学的发展,最终实现育人的整体目标。这样,评价在育人目标和课堂教学的双向作用下,促进形成一个完美的育人循环体系。而在这个体系中,评价不仅双向作用于育人目标和课堂教学,还责无旁贷地将学生与教师的发展紧密地结合在一起,使两者之间相互促进,形成合力,进一步推动课堂教学的发展,加速实现育人目标的整体进程。

## 二、评价内容多元化

### (一)学生的学习评价

《义务教育数学课程标准(2022 年版)》指出:"评价维度多元是指在评价过程中,在关注'四基''四能'达成的同时,特别关注核心素养的相应表现。不仅要关注学生知识技能的掌握,还要关注学生对基本思想的把握、基本活动经验的积累;不仅要关注学生分析问题、解决问题的能力,还要关注学生发现问题、提出问题的能力。全面考核和评价学生核心素养的形成和发展。"①

　　为了更好地培养学生的数学核心素养、自主学习能力和创新精神,越来越多的学校用综合素质评价代替终结性评价,给学生们搭建了展示的舞台,让学生们从中收获自信与成功的喜悦。如:在计算方面,小学阶段核心素养的主要表现中,只有运算的要求被定位为能力,因此,培养学生的运算能力是小学阶段的一项重要任务,也是学生今后学好数学的基础,对培养学生的数感、发展学生的推理能力起着决定性作用。因此,运算能力的评价应落实在平时,目的是激发学生的计算兴趣,促进运算能力的提高。在解决问题方面,可以有计划地开展"我是生活中的'数学家'"活动,从学生喜欢的、熟悉的生活情境入手,解决生活中的问题,让学生理解数学来源于生活、应用于生活又高于生活的理念,发展学生的应用意识和创新意识。在此过程中,培养学生条理清晰地分析问题的能力,在提升学生语言表达能力的同时,也提高了学生的逻辑思维能力,最终,以点带面,促进学生提高发现问题、分析问题和解决问题的能力。在益智游戏方面,可以开展益智游戏与科普知识、传统文化相融合的相关竞赛。兴趣是最好的老师,它如星星之火,可以燎原。以魔方为例,很多学生最初对数学并不感兴趣,但是他们通过参加学校举行的益智器具比赛喜欢上了魔方,也喜欢上了数学。而且,魔方对数学思维的培养和拓展、学生专注度的提升也有很大帮助。再如九连环,历史悠久,代代相传,是传统益智器具的代表。它用九个圆环相连成串,以解开为胜。九连环中蕴藏着深刻的数学思想,与数学中的二进制、N 次方、数列等知识都有着紧密的联系。对于低年级的学生来说,虽然他们还不能理解这样的联系,但是他们可以感受其中之规律、古人之智慧、进步之快乐。九连环练脑、练手、培养注意力,还能发展学生的逻辑思维能力,帮助学生建立模型思想。掌握这项技能必定会让学生在将来的数学学习中大有裨益。而且,这些活动也展现了小学生健康活泼的精神风貌和艺术风采,切实落实了数学核心素养。

---

　　① 中华人民共和国教育部. 义务教育数学课程标准(2022 年版)[S]. 北京:北京师范大学出版社,2022:90.

## （二）教师的教学评价

### 1.教学思想

（1）通过数学教学活动,促进学生数学学习能力与学习品行的发展。

（2）突出学生的主体地位,构建师生、生生之间民主平等的关系。教师通过组织、引导师生合作等活动,帮助学生主动获得发展。

（3）依据课程标准,尊重和审视教学文本,创造性地使用教科书,合理有效地开发教学资源。

### 2.教学目标

（1）根据课程标准、教学内容和学生学习实际,确定教学目标。

（2）目标体现知识与技能、策略与方法的生成性,思维活动的激发与引导性,情感态度与价值观的形成性。三维目标和谐统一。

（3）依据教学目标进行教学准备与实践。

### 3.教学内容

（1）依据课程标准和教学目标,审视和创造性地使用教科书。

（2）围绕教学内容特点开发和选择教学资源,为实现教学目标提供有力保障和有效支持。

（3）内容选择与组织设计,既关注学生新的学习与感悟,又关注学生的练习应用的习得与成长。内容的展现具有层次性、科学性和实效性,既能满足不同学生的需求,又能适应学生在课堂教学中各个阶段的进取和发展需求。

### 4.教学活动

（1）情境的有效性。情境有利于唤起学生的经验,有利于学生主动开展数学认知活动。

（2）资源开发与利用的有效性。提供丰富的学习资源,满足学生多样化学习与探究思考的需求;根据教学实际和需要选择教学手段,帮助和支持学生突破认知和思维障碍;有效利用课堂生成资源。

（3）教学活动过程的有效性。活动与过程符合学生的认知规律和知识的形成规律,符合学生思维发展的需求,符合学生成长的需求。

（4）教学方式的有效性。根据教学目标和学生学习特点及内容特点,组织学生开展独立探究、小组合作与学习活动;根据学情相机指导学生进行观察、实验、推测、推理、验证等数学活动;构建师生和生生互动、平等对话与交流的平台,通过对话激发探研意识和欲望,引发思维碰撞,使学生自信、自省,形成良好的情感体验,进一步体会和体验数学与数学学习活动的价值。

(5)学习方式的有效性。重视问题对学生思维的引发作用;重视情境与材料的数学化过程;重视在目标任务及兴趣的驱动下学生自主探究的可行性,并提供必要的支持和帮助,使每个学生均有所获;重视在个性化思考及合作意识与欲望的基础上进行小组合作,使学生分工合理,任务明确,参与主动,思维活跃,合作到位;重视课堂教学的对话与交流,引导学生学会尊重,学会倾听,学会欣赏,学会质疑,通过对话与交流,深化思维系统,形成良好的学习品性。

(6)评价的有效性。根据教学目标要求,通过评价,激发学生参与热情;通过评价,引导学生展开数学探索活动;通过评价,指导学生形成良好的学习品质。评价具有针对性、时效性,价值功能全面。

(7)教学活动各个环节系统和谐,组织协调顺畅,问题与探究的时空宽广,学生思维活跃清晰,教学活动自然流畅。

## 5. 教学效果

(1)学生在教师的组织引导下,有积极的探求欲望和强烈的问题意识、探究意识、合作意识、交流意识。

(2)通过数学活动,学生主动经历过程,理解和掌握数学知识技能与思想方法,获得基本的数学活动体验和经验。

(3)通过数学活动,学生的情感态度及价值观得到进一步提升,学习能力得到进一步提高。

(4)师生关系民主和谐,学生个性得到尊重,获得自信,每个学生的需求得到满足,不同学生获得不同的发展。

## 6. 教学特色

(1)教风民主,具有亲和力,思维清晰,语言精辟。

(2)具有创新性和创造性。创造性地使用教科书,创造性地开发教学资源,以创新理念进行教学实践。

(3)具有深厚的学术素养和数学文化底蕴,厚积而薄发。

(4)教学开放且调控得体、得力。

## 三、评价方法多样化

育人之人才在发展,育人之课堂在发展,而且它们都不是单一的、独立的存在,而是内部融会贯通、外部相互作用的。为此,评价方法也应该本着发展和融合的原则,随着改革之浪潮不断更新,向前迈进。

### (一)常用的评价方法

#### 1.日常性评价

为满足每个学生的个性发展需要,几年前,很多学校就已经开始采用"成长记录袋"的方法,让学生们进行自我评价。内容包括:我最满意的一次数学作业、我最喜欢的一节数学课、我最棒的数学作品等。进入二年级后,学生学习的汉字越来越多,对文字的组织能力也明显提高,教师可以组织学生撰写数学日记,让学生体会成功的喜悦,更加喜欢数学课堂。进入高年段,可以培养学生自制每日、每周、每月或每学期的评价项目,将数学课内外之所思、所得转化成数学思维习惯和学习方法,融入"成长记录袋"中,受益终身。

#### 2.阶段性评价

综合素质评价以班级为单位开展,以学生的日常表现为依据,一、二年级学生期末评价采用综合素质展示的方式。展示的同时邀请家长及学校评价领导小组参加。对学生们来说,现场不但有熟悉的老师,还有亲爱的爸爸妈妈,既保证了在有限的空间里井然有序地开展活动,又让家长朋友们更真切地了解学校的教学评价要求,并且见证学生在行为规范、知识、能力、兴趣爱好等各方面综合素质的成长。同时为学生的全面发展指明了方向,更让家长对孩子在学校的综合表现有了全面了解,有利于发现孩子的特长与不足,促进孩子的全面发展。根据学校的地域特点、教师的专业特长,学生展示的项目大多来自学校社团课所学内容。国家课程地方化,地方课程校本化。可以充分利用电子白板、电子琴、教具、学具等一切能利用的辅助工具来展示数学学科。学生的展示内容和方式也紧密联系生活实际。做精彩的数学手抄报、快速得出计算结果、展示时钟的精度、口述别样的数学故事等都成了学生关注的对象。

#### 3.终结性评价

终结性评价由学校评价小组组织进行,在学生学期末离校前完成。以学生阶段性的综合素质评价结果为依据,取所有阶段性评价的等级为终结性评价结果,记入《小学生综合素质报告册》,并同"成长记录袋"一起作为学生每学期的综合素质评价结果。

**4.量表评价法**

量表评价法作为传统课堂教学评价中常用的方法,指为了达成评价目的,提前设定好具体的评价内容和评价标准。在评价过程中,评价者对照课堂教学的实际状况,逐项给予被评价者相应的分数或等级评定。最终根据汇总,为被评价者确定相应的评价等级。

**5.随堂听课评价法**

随堂听课评价法的实施流程如下:(1)课前充分准备;(2)课中仔细观察和翔实记录;(3)课后客观评析,加强指导。

评课有两种模式:(1)从师生及其交互活动来进行评价;(2)从课堂教学要素来进行评价。

**6.网络评课法**

这种评价方法能与多元化信息技术相结合,能达到多地共学、教学引领、平衡教育资源、整合信息资源的目的。这也体现了"育术"对于教育评价的推动作用。

## (二)评价主体多元化和方式多样化相结合

《义务教育数学课程标准(2022年版)》指出:"评价主体应包括教师、学生、家长等。综合运用教师评价、学生自我评价、学生相互评价、家长评价等方式,对学生的学习情况进行全方位的考查。如学习单元结束时,教师可以要求学生设计一个学习小结,对学生的学习情况进行评价,也可以组织学生在班级展示交流学习小结让学生互评,以及让学生自评总结自己的进步,反思自己的不足,汲取他人值得借鉴的经验。"[①]

由此可见,单方面的多主体参与评价并不能起到最大的评价目的,而需要将具体的评价主体和适当的评价方式相结合,这样才能最大化地发挥评价

---

① 中华人民共和国教育部.义务教育数学课程标准(2022年版)[S].北京:北京师范大学出版社,2022:90.

价值。

### 1. 纵向评价,发挥评价合力

很多老师都能感受到:对于很多学生来说,学校教育成了学生所受教育的全部。部分家长把一年级新入学的学生送到学校,就把一切交给了老师,把教育理所应当地当成老师的事。然而,家长是孩子的第一任老师,就如同师生同发展一般,学生的发展和家长的发展也密不可分。为了及时转变家长的这些不正确的观念,学校和教师应该通过开展家长课堂、讲座,通过致家长一封信、电话、微信、家访等形式,分享一些科学、有效的家庭教育方法,帮助家长们尽快进入角色,配合教师捕捉学生的"生长点",促进学生的发展。与此同时,孩子是祖国的希望,更是一个家庭的希望,所以我们更不可忽视学生对家长的影响,要挖掘这种深层影响力,让它在家庭中生根发芽,让家长燃起心中希望,通过学生带动家长的教育热情,最终促进家长和学生的共同发展。这样,学校、教师、学生、家长都能成为评价体系中的重要一环。与此同时,评价方式也可形成多元化局面,调查问卷、视频、QQ、微信等方式都可被运用其中。这样有针对性地将家长纳入评价体系之中,学校、教师、学生、家长纵向评价,才能发挥评价合力。

### 2. 横向评价,提升自评能力

诚如上文所述,评价学生学习时,应让学生开展自评与互评,而不仅仅局限于教师对学生的评价。以此帮助学生认识自我,建立信心。

学生是学习的主体。然而,历来评价内容的设计都是教师负责,学生只需要做题,长此以往,学生的学习热情将不复存在。因此,对于低学段的学生来讲,他们对校园学习生活充满期待,参与度高,互动性强。如果教师可以在一、二年级下放设计综合素质评价内容的权力,发动学生共同参与评价内容的设计,那么学生可以合作交流传抄,研究解答方法,而后由教师选出编得好的评价内容并在综合素质展示中使用。这样的形式将大大激发学生的学习热情,既让他们感受到自己是学习的主人,又能在从小培养合作意识的基础上,转换思维角度,从评价者角度去思考问题、发现问题、解决问题,进而为学生的自我评价打下基础。

而对于高年段的学生而言,他们已经具备了一定的自我评价意识。但是,这种自我评价往往是限于表层的、单向的、有局限性的。例如:他们会把一次失败归因为只是知识上的欠缺,而不考虑知识背后的态度、能力、习惯、方法等其他问题;他们会把一道错题归因为这个知识点需要加强,而忽视由它而联想到的相关知识脉络;他们会因一次考试失利而萎靡不振,甚至自我放弃,而不懂得转换思想,庆幸"失利"暴露出来的问题一一解决,从此可以轻装上阵。评价是一把"双刃剑",在学生自我评价的过程中,评价如果成了学生的对立面,评价作用便与评价之目的、育人之目的背道而驰。

因此,教师应把评价与育人结合在一起。培养学生提高自我评价能力,从认清自我、接受自我做起,引导其积极有效地归因;使学生重视评价过程,并可以将负面的评价结果转化为正向的、积极的、新生的评价过程,引导学生学会反思出现问题的根本原因,更好地寻找解决问题的方法,认清努力的方向,进而付诸行动。这样,学生才能在自我反思中增强信心,在自我激励中寻求进步。最终才能共同培养出始终对生活充满热爱、对学习充满信心、不断向前努力的阳光向上的新时代未来发展之人才。

在面向未来的小学数学育人课堂的时代背景下,学生不但要成为学习的主人,还要学习成为评价的主人,敢评价、会评价、善待评价。树立现代的评价观,使评价带来的外部压力转化为内在的动力,从形式的评价转化为实质的、可操控的方法总结,从被动的等待评价转化为主动的思考性评价。这样,学生才能对学习的目的、过程和效果有一个综合的客观的评判,才能认清自己,对自己、对学习负起责任,才能真正成为学习的主人,从而达到横向评价,纵向发展,评育相依。

## 第二节　评价课堂教学 追寻育人本质

课堂教学是教育的根本。我国新课程改革的目的是促进学生全面、持续、和谐发展,关键词是以学生的发展为本。义务教育阶段的学科课程要突出基础性、普及性和发展性,要求学科教学面向每一个学生,让每一个学生都有所发展。这一系列的依据都说明课堂教学的落脚点也应该是发展,应遵循教育发展的客观规律。而这正与面向未来的小学数学育人课堂的核心理念不谋而合。课堂教学要在育人的基础上体现发展性,就必须遵循学生的心理特点和认知规律,为此,教学还必须体现"基础性"和"普及性"。这样三性合一,将学生发展建立在学生的认知发展水平和已有的知识经验基础之上,才能让课堂焕发出生命活力,从而更好地为育人服务。

然而,只关注学生的发展是不够的。教师作为课堂的组织者、引导者、合作者,对于课堂具有主导作用。因此,教育的发展不仅在于学生的全面发展,还在于教师专业技能的提高,同理,课堂教学的发展,不只在于"学",也更在于"教"。①"想要学生得到怎样的发展?"——这是课堂教学之育人目标。"要得到如此这般发展,学生需要'学'到什么?"——这是课堂教学之育人内容。"教师该如何'教'?"——这是课堂教学之育人方法。因此,在课堂教学中求育人,在育人中求发展,才是追寻育人之本质。

## 一、课堂教学评价的意义

课堂教学作为育人的主要载体,承担着全人发展的重要使命。祖国要发展,社会要发展,教育要发展,而这一切都来源于课堂教学的发展。那么,课堂教学如何才能发展? 评价,发展性课堂教学评价。

回顾课程改革历程,从 20 世纪 80 年代的教育现代化、主体性教育,20 世纪 90 年代的素质教育、创新教育到 21 世纪的研究性学习、探究性学习,可以看出对教育教学问题的认识是一个逐步深化的过程。多少教育工作者屹立在三尺讲台,前仆后继,只为在这个漫长的过程中逐渐建立起"以学生发展为本"的课程改革思想。而如今,基础教育课程改革实践已取得了初步成效,积累了一定的经验,转变了教育教学理念,拓展了课程教育资源。但是区域的差异和师资队伍的不完全平衡在一定程度上制约了课改实施向更深层次发展。因此实施过程中需要一些鲜明的具有发展性的课堂教学机制,以便帮助教师印证理论,获得成功的经验与体会,促进教学质量的提高。同时,在深化改革的过程中,不仅需要进一步更新教学观念,而且更需要在教学内容、教学方法、教学手段等方面进行切合实际的发展与创新。因此,进一步探索课堂教学改革,构建发展性课堂教学体系,对完善教育教学并最终达到面向未来的小学数学课堂的育人目的有着深远影响。

课堂教学要想不断发展,就需要将评价作为调控手段,正向促进,反向推动。由此可见,在新课程改革和面向未来的小学数学育人课堂的背景下,应当

---

① 吴玉国. 走向深度学习的小学数学结构化学习[J]. 江苏教育,2017(9):67 - 68.

赋予课堂教学评价以双重意义：价值判断和定向激励。目的在于学生和教师的交往互动，共同发展。而发展性课堂教学评价应该是过程性、诊断性、形成性的。这种评价，不仅要对课堂教学的价值做出判断，而且要为课堂教学的未来发展出谋献策。它应是一种基于发展、期于未来、易于改进的评价。课堂教学评价不应是手电筒，方向单一，缺少指向性；更不应是棍子，一锤打死，缺少激励性；而应该是路标，在为评价者和被评价者指明方向的同时，还能指明课堂教学今后发展的方向和发展的途径。①

## 二、浇灌评价之"果"，培育"二次生长"

课堂教学评价是课程改革的"助推剂"，是提高课堂教学质量的重要手段和途径。课堂教学评价依据数学课程标准，利用科学的策略和方法，对在课堂教学实施过程中出现的客体对象的价值做出评价，是对确立的教学目标、教学过程及教学效果进行价值判断，并不断为改善教学策略而服务的活动。课堂教学评价一般从教学内容和目标的确立、教学策略和方法的选择、教学活动和学生活动的过程与效果几方面展开，以此全面评价学生在知识技能、数学思考、问题解决和情感态度等方面的表现。②

《义务教育数学课程标准（2022 年版）》指出："评价结果的呈现应更多地关注学生的进步，关注学生已有的学业水平与提升空间，为后续的教学提供参考。评价结果的运用应有利于增强学生学习数学的自信心，提高学生学习数学的兴趣，使学生养成良好的学习习惯，促进学生核心素养的发展。"③

教师作为学生发展的引路人，不仅仅要让学生学会寻找学习的"生长点"，提高自我评价的能力，还要在评价学生时，着眼于学生的发展，帮学生找到"生长点"的同时有梯可扶、有法可依。

学生如此，教师亦然。目前，虽然课堂教学评价大力倡导教师参与，但是教师要么无法抓住自我评价的根本，要么是被动评价者，没有真正参与到评价之

①  杨永欣.自主探究性学习：培养学习能力的最佳模式[J].教育探索,2002(3):34 - 35.
②  郝威.新课程理念下小学数学课堂教学评价量表研究[D].延边大学,2011.
③  中华人民共和国教育部.义务教育数学课程标准（2022 年版）[S].北京：北京师范大学出版社,2022:90.

中。而且,评价机制没有从根本上改变,评价大多也是"中评不中用",评课人往往用固定的思维方式,根据固定的标准,逐一列出诸多优点或缺点。诸如"教学设计新颖""教学目标明确""环节安排紧凑""渗透学法指导""教态亲切自然""课堂机智不够""评价语没有针对性""时间把控不够好"等等,这些表层的评价对教师改进教学、促进教师根本性提高帮助并不大。

因此,育人之人是发展的,育人之课堂是发展的,育人之评价标准和内容也应该是发展的、动态的。无论学生,还是教师,都应结合课堂教学的实际情况,以促进"二次生长"为目的,让被评价者看到"弊"的同时,更要看到"利",看到"今天"的同时,更要看到"明天",甚至"未来"。只有评价者也站在"育思"的角度去挖掘课堂教学的"生长点",课堂教学才能获得真正意义上的发展。课堂教学评价的结果正如果实,"生长点"如同果实里的种子。只有细心挖掘,精心浇灌,种子才会破"果"而出,再次结果,延绵不断。正所谓,评价课堂教学应不限于形式,不止于评价,源于课堂,致于育人。课堂教学的评价既要有法可依,有章可循,又要依"果"变法,以"果"生果。

(相关课堂教学评价表格详见附录4—附录6,以做参考)

## 第三节　评价学业能力 把控课堂质量

学业质量评价是学生发展的"润滑剂",是课程标准落地生根的关键环节。它有助于教师关注学生学习,以学定教,以评促学,以评育人。

《义务教育数学课程标准(2022年版)》指出:"根据学生的年龄特征,评价结果的呈现应采用定性与定量相结合的方式,关注每一名学生的学习过程。第一学段的评价应以定性的描述性评价方式为主,第二、第三学段可以采用描述性评价和等级评价相结合的方式。"[1]因此,对学生评价方式的选择应根据具体年龄、具体学段、具体学情而定。

如今,小学生综合素质评价是基础教育课程改革的一项重要内容。为全面实施素质教育,促进学生全面发展和综合素质的不断提高,应根据《教育部关于积极推进中小学评价与考试制度改革的通知》和《教育部关于进一步推进义务

---

[1]　中华人民共和国教育部. 义务教育数学课程标准(2022年版)[S]. 北京:北京师范大学出版社,2022:90.

教育均衡发展的若干意见》提出的要求,要以学生的实际表现为依据,以学生的均衡发展和潜能发展为目标,采取多样化的评价方法,客观反映学生的综合素质状况,推动义务教育均衡发展。

综上,在教育改革浪潮的大力推动下,如今,各种新型的评价方式推陈出新,大放光彩。本节将分别呈现具有典型性的两种评价方式:适用于低学段的综合素质评价——"低年段趣味性综合素质评价";适用于高学段的新课型——试卷讲评课。并以这两部分内容为例,进一步阐述本书观点。

## 一、低年段趣味性综合素质评价

《义务教育数学课程标准(2022 年版)》指出:"第一学段是学生进入小学学习的开始,要充分考虑学生在幼儿园阶段形成的活动经验和生活经验,遵循本阶段学生的思维特点和认知规律,为学生提供生动有趣的活动,更好地完成从幼儿园阶段到小学阶段的学习过渡。"①低年段的学生无意性和情绪性比较明显,注意力不够稳定持久,擅长具体形象的记忆,思维由具体形象思维向抽象逻辑思维过渡。他们情感易外露,自我意识发展较明显,并且日渐具有社会性,但意志薄弱,自制力较差。②

俗话说,兴趣是最好的老师。只有让学生在认识过程中感受自己的智力,体会到创造的愉快,才能激发学生高昂持久的兴趣。所以,兴趣的根源就在于可以在对事物的探寻中找到快乐。针对低年段的学生,只有教师更好地依据他们的年龄特点,走近他们,了解他们的心理特征,遵循他们的心理活动规律,把各学科特点与年龄、心理特征相结合,学生才会如鱼得水,愿意学,主动学。

育人先育德,德才兼备,以德为先。一、二年级是小学教育的基础,"育德"更是育人的基础,因此,低学段的学生更需要教师的关怀、接纳和尊重。教师如果评价不当,会使学生失去自尊心和自信心,从而扼杀学生的兴趣和热情。所以,在低年段课堂教学中,教师更要结合学生的特点,在保护学生兴趣的同时,重视学生的"看"、重视学生的"动"、重视学生的"想"、重视学生的"说"、重视学生的"表现"。这样就需要一种新的评价方式,既可以保护低年段学生的学习兴

---

① 中华人民共和国教育部. 义务教育数学课程标准(2022 年版)[S]. 北京:北京师范大学出版社,2022:19 - 20.

② 余励.浅谈小学数学试卷讲评课教学[J].小学教学参考,2013(36):40.

趣,又能促进学生综合素养的提高。

于是,"低年段趣味性综合素质评价"便应运而生。

## (一)什么是低年段趣味性综合素质评价

所谓"低年段趣味性综合素质评价",是指尊重学生的年龄、心理发展特点,为适应学生的心理需求,以面向未来的"育人"课堂之"育人"目标为基础,以学生的全面发展为目的,从培养学生的德行、能力等方面出发,依托丰富多彩的实践活动,关注真实学习的过程,并采用生活化、模块化、情境化、游园式、多学科、重整合的形式,进行综合素质评价的一种检测方式。[①]

"低年段趣味性综合素质评价"以培养学生核心素养为目的,突出多学科整合的特点,将学科特点和学生发展特点结合在一起进行设计,为学生未来的发展起到指导作用。不仅如此,"低年段趣味性综合素质评价"转变评价方式,鼓励学生成长,构建充分体现基础教育课程改革思想的评价内容,形成评价目标多维度、评价主体多元化、评价方式多样化的评价体系,从而促进学生全面发展。它着眼于发现和发展学生的潜能,既关注知识获得,又关注情感发展和各科能力培养,既关注结果,又关注过程。

于"低年段趣味性综合素质评价"而言,快乐是其最大的核心理念。"情在乐,质在考"这种学业检测评价模式的改革,其目的是构建"乐学"课堂。

## (二)低年段趣味性综合素质评价的实施策略

### 1.前期准备和流程开展

(1)依据办学特色,整合教育资源

《中国教育改革和发展纲要》要求各级各类学校在达到国家规定的有关基本标准的基础上办出各自的特色。办学特色是指学校在长期的办学过程中所表现出来的有别于其他学校的独特的办学风格、独到的办学理念,以及在人才培养、教学研究、校园文化等方面的特色。如:读书特色、育人特色、活动特色、体育特色等。而一所学校只有充分利用地域、环境、气候等条件制定办学特色,

---

① 孙昌识,姚平子.儿童数学认知结构的发展与教育[M].北京:人民教育出版社,2005.

并依据办学特色整合教育资源,才能保证学校与时俱进、新益求新。

(2)依据评价标准,设置主题项目

如今,在教育改革的宏伟浪潮中,涌现出了越来越多具有先进教育理念、突出办学特色的小学校。它们以地域特点、文化传承为依托,萌生出属于自己的有益于学生发展的教育理念和教学特色。它们或依托于所属文化传统,或凭借地域气候特点,或与时代教育发展相接轨,逐渐形成了以各项实践活动为载体的培养目标,为学生提供优秀的、整合性的教育资源的同时,也带动了上至学校、下至学生的发展。而这样具有教学特色的学校,便可以依据办学特色,整合教育资源,开展丰富的"低年段趣味性综合素质评价"主题活动,并依据评价标准设置具体的主题项目。①

(3)依据主题项目,丰富评价内容

流程的开展是建立在充分准备的基础之上的。但需要注意的是,在开展各个环节的同时,也要根据学生的具体参与情况进行调整。

**2.总结评价过程,反思评价效果**

小学教育是人生教育的基础,更是"润物无声"的影响过程。学生是不断发展的,教育是不断进步的,教师的教育观也应是与时俱进的。随着高考制度改革,未来将更加注重综合素质人才的培养。只有孩子的综合素质能力提高了,立德树人的根本任务才能得以真正落实。

"低年段趣味性综合素质评价"摒弃了以往"一卷定乾坤"的传统模式,根据低学段发展目标和特点,注重学生综合性的评价,形式新颖,把成果验收的主动权交还给了学生,学生热情度、参与度高。这样兼具人文性、科学性、灵活性的评价方式看似简单、有趣,却从本质上提高了对孩子综合能力和素养的要求。原来用一张试卷去验收孩子的学习成果会让评价局限在知识层面,存在一些偶然性与片面性,而"低年段趣味性综合素质评价"通过抽题、口答、现场表演展示等多种方式可以更全面、更综合地对孩子进行客观性的学科评价。② 让学生体会到学习乐趣的同时,也真正得到核心素养的提升。

除此之外,"低年段趣味性综合素质评价"还体现了学以致用的思想,不仅

---

① 王斌华.课堂听课评价法[J].当代教育论坛,2005(2):38－42.

② 王斌华.课堂听课评价法[J].当代教育论坛,2005(2):38－42.

激发了学生的学习兴趣,而且帮助学生建立了学习的自信心。"低年段趣味性综合素质评价"不排除用笔写一写、画一画。但同时,与传统笔试相比,它能够更全面地展现学生的学习能力和学科素养。比如,语文教学中有很多要求学生背诵的古诗和优美语段,传统笔试只能通过填空的形式让学生填写,只能考查"背",而无法考查"诵",对教学要求只能"打折"处理。在"低年段趣味性综合素质评价"中,学生可以声情并茂地背诵自己积累的古诗,在"背"的过程中融入自己的情感,达到"背"与"诵"的充分展现。

从教学的角度看,"低年段趣味性综合素质评价"给老师带来了新的挑战。"低年段趣味性综合素质评价"方式引发教师改变以往的教学模式,以学生更加喜闻乐见的形式展开教学,使"乐教""乐学""低年段趣味性综合素质评价"成为一个整体。在"低年段趣味性综合素质评价"命题的过程中,同样要考虑制定严谨的评价要素和评价标准,以科学合理地评价学生。与传统笔试相比,"低年段趣味性综合素质评价"过程是教师面对每一个孩子,一对一的互动式考试,教师依据标准,能对每一个孩子的学习状况进行准确把握,为今后给学生以针对性的指导打下基础。

从评价的角度看,"低年段趣味性综合素质评价"为完善评价体系建设提供了有益参考。"低年段趣味性综合素质评价"方式的探索给学生学业水平的评价带来了新的元素。对学生的学业评价包括日常学习评价、专项练习评价、期末"低年段趣味性综合素质评价"等诸多方面,还包括学生的情感、态度等要素,形成评价要素的动态变化,促进教学的循序渐进。

因此,"低年段趣味性综合素质评价"突出了"乐",淡化了"考",但并非表面的热闹,更不是单纯地为学生"乐",而是"乐""考"并重。而在此过程中,学生的优点和不足可以充分体现,也可以为老师下一步开展有针对性的培养指明方向,真正做到了因材施教,也真正体现了面向未来的小学数学育人课堂之宗旨。

## 二、高年段练、讲、评综合性评价

随着课程改革的不断深入,以课程改革为总体目标,以小学数学课程标准为指导的试卷讲评课已成为学生学业质量评价的重要载体。它改变了以往过分强调甄别与选拔功能的总结性评价,充分重视过程性评价,关注学生个体内差异性评价,从而在过程性评价中促进学生的可持续发展。本节将通过试卷讲评课这一课型的优秀范例,阐述高年段练、讲、评综合性评价的策略。根据教学目标、重难点的确立,从学生的学情出发,选择适当的评价策略,针对知识点、易错点、易混点设计试卷讲评课,并通过教师的反思、感悟,分享试卷讲评课程的整体流程,以体现出新课程体系的知识性、科学性、阶梯性,以及联系生活实际和时代信息的特点,从而充分发挥学业课堂评价对课堂质量的把控作用。

## (一)什么是试卷讲评课

试卷讲评课,顾名思义,是针对试卷进行讲与评的教学过程。它是以面向未来的小学数学育人课堂的教育理念为总目标,着眼于学生的可持续发展,根据考试阶段内的教学目标、评价标准进行的知识和思维的再现、重组过程,是不同于新授课教学的一种综合性评价课型。它同复习课一样,属于总结性教学。复习课重在知识的梳理和知识网络的构建。而试卷讲评课则是在此基础上,找寻知识漏洞和知识网络缺口,对其进行填补,甚至再建。

因此,试卷讲评课的研究对象不仅仅是一张试卷,而是知识本身,以及知识与知识之间的联系在学生脑海里的再现过程;试卷讲评课的研究对象也不仅仅是学生的学,还有教师的教,甚至是两者之融合。哪些学生是知识本身出现问题,哪些学生是知识间的联系出现偏颇,哪些学生是知识与知识之间的联系在脑海中再现出现障碍? 教师只有清晰把脉,理清头绪,才能寻到学生之"症"。哪些知识点讲得不够到位,哪些知识脉络构建不完整、不清晰,哪些应试和自我评价能力需要提高? 教师只有根据学生之"症",在自己身上找寻"药方",才能对症下药,促其发展。

由此看来,试卷讲评课不仅必要,而且重要。但它却常常被人忽视,原因是很多教师误以为试卷讲评就是讲试卷。然而,"讲"与"评"的含义却远非如此,而且它们也是两者并重、不分伯仲的。"讲"不仅要讲知识,还要讲知识之间横向、纵向的联系等内容,这样才不失试卷综合性考查之意义;"评"也不仅仅要评对错,还要评思维、评方法、评习惯、评态度、评高度。如果只是讲试卷,便只停留在了知识层面。没有了侧重,也就没有了深度思考,也就无法将思考所得的结果或者规律转化成经验进行总结提取,最终也就无法内化成方法和习惯,而评价态度和能否站在出题者高度去思考等自我评价能力的培养更是无从谈起。

这也就违背了本书所倡导的以"思"促学,学思育人之理念。

综上,只有充分研究、了解试卷讲评课的特点,才能让它的评价方法最优化、评价效果最大化,从而促进"教"与"学"的共同发展。其特点如下:

(1)及时性:趁热打铁

基于小学生的年龄和心理发展特点,每一次考试对学生而言都是一次自我锻炼的过程。他们会带着自己的、父母的、老师的期盼,经历复习、思考、答题、检查等一系列思维过程,继而渴望得到自己满意的答卷。因此,他们往往对自己是否能取得劳动成果倍加重视。此时,如果能及时抓住学生的期待期,将考试结果第一时间反馈给学生,将是取得良好讲评效果的一个先决因素。

(2)针对性:选题典型

面面俱到,则面面未到。如上文所说,试卷讲评具有时间紧、容量大的特点,如果题题不落、各个讲解,时间不允许,也易让学生生厌。教师应选择错误率高、迷惑性大的,或者能体现教学重点的试题作为讲评的重点,并根据学生的答题情况,剖析错题的根本原因,将知识的架构、关联、干扰设置讲清、讲明、讲透。这样才能兼顾大体,讲评有获。

(3)拓展性:融会贯通

如前文所说,试卷讲评是一个知识再现、再构建的过程。因此,教师要帮助学生类比延伸,调动知识积累,理清知识结构,归类思维方法,使学生自己形成一个经纬交织、融会贯通的知识网络。力争讲活一题、带动一类,真正做到举一反三、触类旁通。

(4)互动性:再现情境

试卷讲评时要充分调动学生的积极性,由学生讲述答题思路,还原考试情境,甚至让学生提问、质疑。通过学生自己的讲解,教师会发现学生题目得分未必是因为学得扎实,有时也有运气的成分。只有充分发挥学生的主体作用才能让知识深入人心。

(5)激励性:增强信心

诚然,成绩在学生心里,尤其是对高年段学生来说往往是至关重要的。学生们往往用分数来衡量得失,每次分数发布时总是"有人欢喜,有人忧"。因此考试结束后,教师要强调学习没有常胜将军,一马当先的不必沾沾自喜,马失前蹄的也不必妄自菲薄。学习的关键在于坚持不懈,在于不断反思总结。特别是对成绩不理想的学生,在讲评课时要更多地关注他们,帮助他们恢复信心。

## (二)试卷讲评课的设计与实施策略

### 1.做好试卷讲评的准备工作

(1)认识试卷

首先,教师要让学生对试卷的整体结构、命题特点、测试目标和自我完成目标情况有一个整体认识。这是在试卷评价基础上的二次评价,能让学生找准自己的出发点。其次,教师要自己对整体和学生的试卷有明确的判断,以便与学生的认知比较,帮助学生提高自我评价能力,精准定位。

(2)数据统计

在试卷讲评课之前,要对学生、试卷、成绩做到充分了解,对平均分、最高分、最低分、及格率、优秀率、低分率做到心中有数,同时还要统计每题得分率及每一知识板块的得分情况。

(3)分析比较

分析即根据试卷中出现的问题,从教师的教和学生的学双向出发,揣摩学生问题背后的知识结构、思路、方法,并与教学横向联系,以明确各个板块复习中的优劣情况,从而调整教学策略。比较则是教师的教和学生的学的纵向分析。教师通过充分利用试卷的检测功能,发现教学中的进步和薄弱环节;通过对学生前后试卷的对比,了解学生学习的进退情况。分析、比较凝成合力,促进试卷讲评的效果最大化、最优化。

(4)确定重点

针对试卷中出现的问题,教师要明确授课重点,借助数据统计和题目的分析比较,站在命题思想和备考策略的高度,做到重点确定名副其实,细化落实有的放矢。

### 2.试卷讲评课的基本流程

(1)成绩统计

在某次考试中全班有 43 人参加考试。试卷批改后对成绩进行统计,得到如下统计表。

表 6 – 1　成绩统计表

| 等级 | A + | A | B | C | D |
|---|---|---|---|---|---|
| 人数 | 8 | 25 | 6 | 3 | 1 |
| 百分率 | 18.6% | 58.1% | 14.0% | 7.0% | 2.3% |

这样的成绩结果是比较合理的,因为试卷内容的综合性强、应用性强、阅读量大,对学生的能力的确是一次挑战。结合课前设计的学生三维能力考查雷达图发现,学生经历了这次评价后在三个维度的四个方面都有所变化,学生在知识技能和数学思维方面不够稳定。接下来将结合具体错例进行分析。

(2)错例分析

根据学生的答题情况又对各个题目进行了梳理,发现学生在第二关、第四关、第五关个别题目失分较多。接下来将选取学生的典型错例进行分析。在第二关填空部分,部分学生对除法竖式计算的算理掌握得不好。在第四关中学生错误比较集中的是方向的相对性问题,错误原因:思维定式。通过第五关第6题的几个错例发现,学生对实际问题的解题思路并不清晰,考虑问题不够全面,思考得不够深入。

(3)定讲评内容

讲评课一般将下列内容作为讲评的重点:

①全班出错率高、得分率低的题目及相对应的知识点;

②典型性、综合性和针对性的题目;

③在以往的教学中已多次接触、多次矫正,但学生仍未掌握的难点;

④关系到后续学习的重要知识、重要方法和技能;

⑤平时教学中疏忽的"教学盲区";

⑥学生卷面上有独到见解的题。

(4)确定讲评策略

如果说上述的准备工作是"把脉",那么接下来就是"开药方"了。教师不仅要对哪些该讲、该讲到什么程度做到心中有数,还要确定讲评方法,使其方法最优化、效果最大化。绝不能不假思索,随意讲评。

（5）课堂讲评

①讲的要求

要按序分类讲。所谓"按序"，并非按照题目之顺序，而恰恰是要打破题目顺序，按照从概念到规律、由简单到复杂、自一般到特殊的顺序分析，要遵循认知规律，符合循序渐进的原则。所谓分类是指要杜绝"推土机式"的讲解，应把试卷中的题目分门别类，按知识或按解题方法或用其他方法分开讲解。这样分析既能达到复习知识的目的，又能使学生在解题思路、方法、技巧方面有一个理性的认识。

要讲知识结构。试卷讲评不仅要通过讲重点、难点、易错点、易混点，让学生对知识点有新的认识，还要重视知识点间的横向、纵向之联系，进而对知识整体有一个网络性的理解，形成以点连线、以线扩面、以面建体的知识架构。

要讲错因。教师要透过答案揣测心理，透过表达判断思维，透过现象查寻习惯。帮助学生进行深度的试卷分析，提高应试能力。

要讲思路。讲试题的题型特点和解题思路。引导学生自主找寻突破口，并思考选择正确的解题思路。

要讲方法。抓典型题目，关注其结果，更要注重其过程。结果是显性的。过程却是隐性的，是思路、方法、习惯的相互作用。因此，在讲的过程中，要注重讲解题方法和技巧，引导学生突破思维定式，抓住试题本质，排干扰，得结论。

要讲规律。在正确方法的指引下，总结概括往往能得到规律，得出结论，从而帮助学生归类建模，让学生体会数学的探究乐趣，真正做到一题一得、一得多得。

要讲变化。从试卷分析来看，很大一部分易错题是变形、变式而来的，可见"变"在数学中是至关重要的，它代表了灵活，展现了思维，凸显了能力。因此，教师在要求学生突破思维定式，倡导发散思维、创新思维的同时，更要以身示范，让学生因变生趣，因变乐学。因此，讲的过程中，要善于生变：变问题、变范围、变数据、变因果等。让训练立足基础，不刻意求难，却别开生面，从而调动学生解题的积极性，提高思维的活跃度。

②评的要求

评成绩。经过调查，发现学生最想了解的是各分数段的人数和自己在班级中的位次，不希望公布自己的具体分数和在班上的排名。因此，在"双减"政策下，教师在评成绩时，不可逐个公布成绩，只说明优等分数段的人数即可。这样既可以让学生通过优等比例为自己定位,又保护了学生的自尊心。但是,教师对于学生的进退应做到心中有数,在分析学生成绩时,应重相对名次的变化,而轻实际得分的升降,以避免试卷难易程度不同对分数的影响。在具体交流时,应做到激励与鞭策相结合。

评知识。即从整体上公布各个知识点的失分率及失分原因,同时说明各个知识点在知识结构中的重要性,让学生分析试卷时有标准可依。

评能力(素养)。即分析题目背后的能力需要和得失。帮助学生分析出错的原因是审题能力差,还是分析和应用能力欠缺,从而认清自己,找到缺口。除此之外,还要关注对素养的点评,做到用持续的眼光看待学生的素养发展。如果每次都让学生清楚地看到自己的不足与进步,看到老师关注的素养提升点,学生就会尽力发挥自己的长项,避免自己的不足。这是使平面的试卷立体化的有效途径,能增加试卷使用的广度和宽度。

评方法(思想)。即评价学生的解题方法,挖掘方法背后的数学思想。并将好方法放大化,让一部分学生体会到成功的愉悦,让另一部分学生意识到自己的差距。这样讲评,评得学生心服口服,使学生清楚自己在知识和方法上到底还存在哪些问题。而在方法的指导上要上升到数学思想的高度,有效落实"四基"。

需要注意的是:将错误公开摆明后,分析其根源、进行曝光并不是目的,如何再次巩固、强化,使学生真正掌握才是最终目的。

(6)再次反馈,巩固提高

讲评结束后,除了要求学生做好对试题的具体分析并进行订正外,教师还要根据考试的整体情况,针对学生在考试中暴露出来的重要的共性问题,精心设计一些相应的平行性练习、延伸性练习,及时用一些逆思路题或变式题让学生再练习、再提高(此处建议分层进行习题设计,能力较弱的孩子做基础题,能力强的要调动学习热情,树立攻坚克难的信心,激发兴趣)。跟进练习能进一步深化所学的知识,帮助学生牢固地掌握和运用所学知识。对教师而言,练习的设计过程既是二次反思的过程,又是查缺补漏的过程。是在了解教学效果的基础上,调整和改进教学策略的有效途径。

总之,面向未来的小学数学育人课堂背景下的试卷讲评课应是着眼于学生未来发展的,以育人为最终目的的,教学与评价一体的综合性教学活动。它是教学的有机组成部分,更是评价的重要组成内容。因此,应充分发挥试卷讲评课对教学的诊断、激励、强化、示范作用,立足于学生实际,为学生找寻"最近发展区",促进学生二次发展的同时,也推动教育教学效果的二次提升。

(具体试卷样例请见附录7;课例见附录8试卷讲评课实录:"三年级下册1—4单元试卷讲评")

## 第四节　评价作业练习 延续高效课堂

作业是课堂教学的延伸,是学生加深理解、巩固知识和提高素养的重要措施,是促进学生二次发展的"催化剂"。作业设计的实施与评价是教学过程中不可忽视的重要环节,是教学过程的有机组成部分。在"双减"背景下,《中小学生"五项管理"督导工作方案》提出严控作业量,因此如何在减轻学生负担的前提下,利用作业评价使作业发挥最大作用,让学生形成良好的学习态度和习惯就成了教育中的重要问题。

### 一、课堂作业的有效设计

"双减"背景下,不仅要求课堂教学更加高效,而且对课堂作业的设计与评价也提出了新的要求,要着眼于学生的未来发展来进行评价。课堂作业不仅是教学的组成部分,更是课堂教学的拓展、延伸、深化。因此,在设计课堂作业时要以提高学生的综合素质为目标,在为学生提供具有趣味性、探索性、实践性、开放性、层次性的课堂作业资料基础上,针对不同的学习内容,设计不同形式的作业,以此增加学生的积累。

### (一)基础巩固,改换题目形式,注重趣味性

课堂作业的基础巩固环节是对本节课所学知识的夯实与检验,因此必须面向全体学生,并要吸引学生的注意力。兴趣是学习的内驱力。学生只有对做课堂作业有了浓厚的兴趣,才能调动起积极性和主动性,从而提高作业效果。因此,基础巩固部分的设计要根据学生好奇、好动、好胜的特点,用做游戏、猜谜语、讲故事、摘星星、小竞赛等生动有趣的形式进行适当包装,以此激发学生完成作业的热情。然而,只有好的包装是不够的,还要形式多样化,因此,作业的

题目要形式多样,让学生不枯燥、不厌烦,保持时刻的新鲜感。例如根据不同内容,可将题目设计为"口算快车道""选择题——快乐的 do、re、mi""你来当医生"等。用这些有温度的文字语言,放低数学的高姿态,拉近数学与学生的距离,使学生更好地亲近数学、融入数学。

例如在图形与几何领域中一年级上册的"认识图形"一课,可设计这样的课堂作业:

1. 看谁答得快:同桌两人借助提前准备好的上面印有长方体、正方体、圆柱和球等对应物品图案的卡片,一人拿起卡片,另一人快速说出图上物品属于哪类。

2. 看谁找得准:以小组竞赛的形式,请组内的一位同学说出图形的名称,另一位同学蒙上眼睛,摸一摸面前的几种物品,准确地找出相对应的物品,看看哪个小组找得又快又准。

3. 看谁搭得高:为每桌准备一定数量的长方体、正方体、圆柱和球,两人一起用这些物品摆一摆、搭一搭,看看哪桌能够搭得又稳又高。

因为图形与几何领域的课程要充分培养学生的空间想象能力,所以这个领域的课堂作业可以参考以上设计,在面向全体学生的基础上,改变过去读、背、抄的形式,将这些数学知识与动手操作联系在一起,让学生倍感亲切并充分认识和理解所学习的这几种图形的特征。与过去单纯的练习题相比,这种实际操作的作业不仅增加了学生的学习兴趣,丰富了数学的内涵,还增强了学生的空间想象能力,进一步提升了学生的几何素养。

再如在数与代数领域中"6~10 的认识和加减法"一课,可以设计一道"帮助小蝌蚪找妈妈"的游戏性作业,即:小蝌蚪找不到妈妈了,好着急呀,妈妈就藏在得数是 8 的荷叶下面,你能帮它找一找妈妈在哪片荷叶下面吗? 这样的设计能够把一道道枯燥的计算题融合在故事情节中,充分体现了课堂作业的趣味性。在今后设计数与代数这个领域的课堂作业时都可以采取上述形式,例如二年级上学期学习完乘法口诀后,可以采取师生或生生之间对口令的方式来进行巩固。总之就是让学生在轻松愉悦的氛围中掌握解决问题的方法和技能,提升学生的能力和学习兴趣。

## (二)能力提升,加强创新与挑战,注重实践性与关联性

数学课堂作业的能力提升环节是在学生夯实基础知识后提升综合能力的

重要部分,因此要有实践性,要增强创新与挑战,同时涵盖的知识不能单一,要和前后的知识相关联,让学生在观察中发现问题、找寻规律,在实践中锻炼实际应用能力,并逐步养成认真观察和做事细致的良好习惯。

在统计与概率领域一年级下册"分类与整理"一课的能力提升环节,可以设计这样的课堂作业:

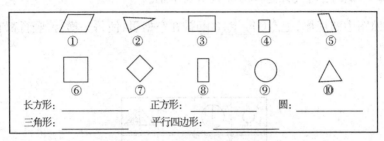

图6-2　分类与整理课堂作业

先为学生准备上述图形卡片,然后同桌之间先用卡片摆一摆,说一说是如何分类整理的,再利用表格填完整。这个课堂作业综合性很强,不仅考查了学生分类整理的能力,还是对之前学习过的图形与几何领域知识的一次复习,引导学生在实践中解决问题,培养统计意识的前提下提升了几何素养。

这部分知识同样也可以和数与代数领域相结合,可参考下面的课堂作业:

| | | | | |
|---|---|---|---|---|
| 3 + 9 | 15 − 6 | 4 + 8 | 17 − 8 | 3 + 6 |
| 12 − 0 | 4 + 5 | 0 + 9 | 19 − 10 | 12 − 3 |

把分类的结果整理在下列表中:

| 1. | 类别 | 得数是12 | 得数是9 |
|---|---|---|---|
| | 个数 | | |

| 2. | 类别 | 加法算式 | 减法算式 |
|---|---|---|---|
| | 个数 | | |

图6-3　计算与算式分类课堂作业

统计与概率领域的课堂作业在设计时应充分注重知识的关联性。这样设计出的课堂作业,不仅夯实了相关知识,还联系了旧知识,能够在培养学生统计意识的同时提升学生的综合能力。

## (三)思维拓展,强调灵活应用,注重发散性

思维拓展环节有助于学生能力的进一步提升,强调培养学生的综合水平。

此处的综合不仅指学生对学科内各知识点间的综合运用,还包括学科间的相互融合,甚至包括各学科思维方式和学习方法的灵活转换。因此,思维拓展题的设计应立足于思维发展的基础之上,不拘泥于形式、内容,目的是更好地激发学生的探究精神,培养发散思维,提升创新意识。

这类课堂作业在综合与实践领域可以得到很好的实践,比如在一年级下册"找规律"一课中,可设计这样的课堂拓展作业:

按照图中的规律,把△○ ▲ ◐排在空格里,使每一横行、竖行都有这四种图形。

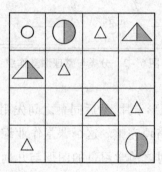

图6-4 "找规律"拓展作业

这个问题能够帮助学生提升灵活解决问题的能力,具有发散性,为学生提供了一定的思维空间。在夯实基础并进行思维拓展后,学生可以全面提升综合能力。这也是在设计综合与实践领域课堂作业时要格外注意的,即通过发散性的问题提升学生的分析和解决问题的能力。

综上所述,在"双减"的背景下,教师要正确地理解课堂作业的价值,以学生的发展为本,设计具有趣味性、实践性、关联性、发散性等特点的内容丰富、形式多样的有效课堂作业,引导学生在愉悦的心境下巩固知识、培养能力、提升素养。

## 二、阶梯作业的有效设计

### (一)实施"阶梯式作业"的意义

为深入贯彻落实中央关于教育评价改革和《关于进一步减轻义务教育阶段

学生作业负担和校外培训负担的意见》工作部署要求,切实提升学校育人水平,有效减轻义务教育阶段学生过重作业负担,准确把握作业的性质和功能,将过程性评价和发展性评价有效结合,提升教师设计作业和运用作业改进教学的能力,进一步规范学生作业布置与批改行为,促进学生全面发展、健康成长。结合实际,决定开展优化作业设计与评价的研究与实践。

作业作为一种评价方式在课堂教学中有着举足轻重的作用,优化作业形式是教学改革的关键。教学指导既要关注"课堂作业"的内容和呈现方式,又要注重"课外作业"的容量和反馈形式,强化作业对课堂教学的延伸作用,发挥作业的评价功能,即巩固和完善学生的基础知识和基本技能,培养学生的独立思考能力,并促使学生养成良好的学习习惯。"阶梯式作业"的内涵在于结合校情和学情,设计若干难度层次的作业,使不同水平的学生都能在"跳一跳"的情况下"摘到桃子"。"阶梯式作业"的提出体现了因材施教、尊重差异的教育理念,通过作业促进学生的自主发展。

在"双减"背景下明确什么是"阶梯式作业",以及实施"阶梯式作业"的意义、策略和方法,有助于教师科学有效地评价学生的学习效果,诊断学生在学习过程中存在的问题,有助于教师有效获取教学反馈信息,调整并改进教学方式方法,有助于教师培养学生积极的学习态度和良好的学习习惯。

### 1. 因材施教,提升学生学习能力

在新课标的要求下,教师要帮助学生理解与掌握现代生活与学习中所需要的知识与技能,充分地发挥各学科对学生思维能力与创新能力的培养作用,提升学习素养。实施"阶梯式作业"正是通过因材施教的教学实践活动,激发学生的学习热情,提升学生的学习能力与分析能力,进而通过课堂教学落实学科核心素养,帮助学生巩固基础知识,梳理和构建完整的知识体系,尝试运用所学知识解决问题。

### 2. 实施"阶梯式作业",促进师生有效沟通

"阶梯式作业"有效开展的前提是教师要根据学生对课堂知识掌握的程度来设计作业的内容和形式,并且对学生的完成情况进行有效跟踪和及时反馈。在检查、批改、反馈作业的过程中,教师与学生进行诊断性交流与沟通,评价作业完成情况并采取有效的解决策略,帮助学生掌握学习方法和提高学习效率,从而促进师生之间有效沟通,达到教学相长。

### （二）实施"阶梯式作业"的策略与建议

在"双减"的背景下，教师要根据实际情况设计有针对性的阶梯作业。具体实施的策略如下：

#### 1. 丰富作业类型，促进学以致用

在以往布置书面作业的基础上，创新作业类型，尝试布置口述类作业、实践作业、学科融合作业。教师要对课程标准、教材进行全面准确解读，明确教学内容和要求，设计具有针对性、代表性的题型作为作业内容，使课堂上所教知识与课后作业形成一个有机整体。通过作业实践，引导学生把所学知识运用到生活实践中，拉近课堂与生活的距离，达成学以致用的教学目标。

作业类型要满足不同层次水平的学生的需求。教师根据实际学情布置分层作业，并设定评价指标。基础知识和基本技能必须达到的作业要求，属于基础目标，是所有学生都要完成的学习任务。在完成基础目标的基础上，可采用作业"自助餐"的形式，把作业类型划分为必做题（基础题）、选做题（提高题）和扩展题，学生根据自己的能力、兴趣、爱好可自由选择。

#### 2. 实施阶梯评价，用发展性评价促进学生发展

根据作业的内容和梯度，如基础性作业、阶梯性（进阶）作业和挑战性（拓展应用）作业，进行判断性评价、激励性评价和发展性评价，对不同层次的学生采取不同的评价标准，让评价更有针对性和实效性，充分发挥评价指挥棒的作用，发挥评价的导向作用和激励功能。传统的作业评价注重近期显性效果，衡量作业的指标是正确率和唯一答案；从作业效果反馈看，评价方法单一，注重终结性评价，且强调定量分析，作业内容多为笔试题和客观题。而"阶梯式作业"的反馈强调"用发展的眼光看孩子"，并以此为对学生评价的指导思想。要经常运用作业中的等级制评价、小奖章评价等评价手段，让增效落地。将作业评价功能运用到课堂教学中，帮助学生发现并发展潜能，认识自我、展示自我，促进学生核心素养的全面发展，通过多元评价，发挥作业对学生成长的育人功能。

#### 3. 强化"阶梯式作业"，实现提质增效

一是基于课堂实效加强调研，以提高作业设计实施与评价的针对性、实效性。继续对阶梯式作业的内涵、功能、作用、形式等进行理论研究，进一步从理

论上明确认识,尤其是对于阶梯式作业的适用对象、适用范围、实施条件、保障措施、利弊得失等方面进行深入研究。继续通过问卷、座谈、访谈等方式,更加全面、客观地掌握教师、学生、家长等方方面面对于阶梯式作业的看法,充分听取各个方面的意见和诉求。

二是基于作业设计,勇于探索作业设计与实施的有效路径。深入了解已经尝试开展阶梯式作业的学校、教师的具体做法,帮助他们总结、提升。在作业的设计实施上提倡五个"转变",即由重数量转变为重质量,由重记忆转变为重理解,由重纸笔转变为重操作、重实践,由重知识转变为重素养,由重模仿转变为重创新,努力做到"四精""四化","四精"即精选、精练、精批、精评,"四化"即趣味化、情景化、活动化、生活化,通过作业改革减轻学生过重的学习负担和心理负担。

三是基于课程,建立科学有效的作业目标体系。注意作业目标的设计与教学目标的一致性和延续性,教师可以针对不同学业水平的学生设置不同的作业目标,进而更明确地设计出阶梯式作业。在作业目标设计的过程中,既要关注基础性作业,又要考虑到发展性和实践性作业,使阶梯式作业的每一步台阶都有与课程相关的明确目标。

例如:哈尔滨市群力兆麟小学校郑婷婷老师在执教四年级下册"平均数"一课时,不仅仅分析了教学目标、学情和教学重难点,还进行了课时分析、作业布置意图说明,从而设定并构建作业目标。如下表所示:

表6-2 构建作业目标

| 单元名称 | 课时 | 作业目标 | |
|---|---|---|---|
| | | 具体表述 | 学习水平 |
| 平均数 | 2课时 | 1. 结合生活情境,理解平均数的概念。 | 理解 |
| | | 2. 了解平均数的范围:最小值＜平均数＜最大值。 | 识记 |
| | | 3. 求平均数常用的方法:①移多补少;②计算法。 | 运用 |
| | | 4. 平均数原则:不改变原来总数的情况下进行的平均分配,明白平均数是一个"虚拟数",也会有小数值的出现。 | 识记 |
| | | 5. 明确计算一组平均数时,不能删去本组数据的零值。 | 识记 |
| | | 6. 提高用平均数解决实际问题的能力。 | 运用 |
| | | 7. 会利用部分平均数来推测总体情况。 | 运用 |
| | | 8. 能用平均数比较两组数据的总体情况。 | 综合 |

第一课时教学分析

教授平均数的意义和求法。

1. 创设情景,感受平均数在生活中的实际应用。

2. 利用统计图直观发现求平均数可以用"移多补少"的方法。

3. 让学生在解决问题的过程中,自主探索求平均数的方法。

4. 重视平均数的意义,让学生感知:平均数并不是实际数量,而是"相当于"把总数平均分成若干份后的数量。

第二课时教学分析

进一步理解平均数的意义,通过实践应用平均数比较两组数据的总体情况。教材中用平均数比较两个队踢毽子的成绩,帮助学生理解什么是平均数,体会平均数在统计学中的应用。让学生通过讨论、交流发现:在人数不同的情况下,用求总数的方法来比较两组数据的成绩是不公平的,用平均数来比较才合适,从而进一步体会平均数的意义。

1. 注重对平均数意义的理解。

结合"人数不同的两个队进行比较"这一问题情景,对"怎样比较才公平"这一问题进行讨论。使学生在解决问题的过程中进一步理解平均数的意义,体会平均数可以体现数据集中趋势的特点。

2. 解决问题,强化平均数的计算方法。

3. 重视实践活动,发展解决问题的能力。

4. 加或者减一个极端数据,感受平均数受极端数据的影响。

《义务教育数学课程标准(2022 年版)》总目标中指出,要使学生能够"体会数学知识之间、数学与其他学科之间、数学与生活之间的联系,在探索真实情境所蕴含的关系中,发现问题和提出问题,运用数学和其他学科的知识与方法分析问题和解决问题"①。

平均数是"数据整理与概率统计"的主要学习内容,该单元的内容是由平均数的意义、平均数的计算和平均数的应用三个部分组成的。很多教师会把本单元的学习重点落在求平均数上,而《义务教育数学课程标准(2022 年版)》中还强调平均数教学要引导学生在熟悉的情境中理解平均数所具有的代表性,让学

---

① 中华人民共和国教育部. 义务教育数学课程标准(2022 年版)[S]. 北京:北京师范大学出版社,2022:11.

生经历收集体现社会发展或科技进步数据的过程,初步体会平均数的统计意义,形成初步的数据意识。①

通过丰富的事例了解平均数的意义,解答简单的平均数实际问题。而且,因为小学生在生活中的数学经历和体验较少,平均数概念对于小学生而言还是较为抽象的。基于以上认识,在设计本单元作业时,将大量的单纯技能训练省去,转而创设诸多与学生生活环境和知识背景密切相关的,以及学生感兴趣的问题情境,如平均体重、平均身高、平均水深、平均寿命等。以"解决问题"的形态呈现,重在基础与拓展的结合,重在兴趣与能力的培养,进而让学生体会"平均数"在现实生活中的实际意义及广泛用途。

四是作业设计和实施及评价要体现学科特点,把握学科本质,在研读课标教材、了解学情的基础上进行。

五是深度思考非书面作业的设计。例如:设计板报、制作模型等需要一定知识和技能基础的作业,学生往往难以完成。建议学校不要设计这类需要高级认知技能的非书面作业,避免家长包办、学生依赖或形成挫折心理的现象发生。要鼓励自主思考、独立完成的学生,更改以结果为导向的评价方式,注重过程性评价。

总之,作业的设计要与时俱进,能够体现学科知识在现实生活中的应用价值,既要关注基础知识和基本技能的落实,又要关注学生学习能力的发展。作业的设计要有融合功能,能够体现学科间的整合,关注本学科与其他学科的实践与应用。要设计能够体现学生创造性思维和创新能力的作业内容。提倡各学段、各区域、各学科形成具有不同特色的学科作业,实现减负增效,使"双减"真正落地,促进区域教育教学质量的整体提升,促进教师的专业成长、学生的全面发展。

## 三、口头作业和实践性作业的有效设计

一年级的学生满怀着对知识的好奇和憧憬。为了能够让学生感受数学的奇妙,真正培养学生学习的兴趣,教师要结合学生特点,创新设计出多种作业形式,真正落实双减政策下的"零基础"幼小衔接。

---

① 中华人民共和国教育部. 义务教育数学课程标准(2022年版)[S]. 北京:北京师范大学出版社,2022:39.

在设计作业时,以提高学生的综合素质为目标,针对不同的学习内容,设计不同形式的作业。与说一说、动手操作、综合实践、亲子合作等作业相结合,将数学知识融入生动有趣的活动中。

### (一)设计口述类作业,让学生做学习的成功体验者

根据一年级学生的年龄特点和认知水平,学生的学习应从生活中抬头可见、触手可及的情境出发,在具体、形象的事物中感知,在感知中获得成功的数学体验。

#### 1. 说简单的一句话

例如在执教一年级上册"数一数"一课时,可以设计这样的家庭作业,让学生用喜欢的数字说一句话(家长注意纠正量词的搭配)。孩子可能会说:我今天穿了1件白色衣服;我有3个漂亮的芭比娃娃;我家里有2个孩子,哥哥和我;我的笔袋里有8支铅笔;等等。课堂上,教师往往习惯于把生活中的事物转化成数学信息,以此培养学生的数学思维。然而,对于低年级学生而言,把数学语言送回生活中去应用,去体会数学语言在生活中的美,则更有利于学生建立数的概念,产生对数学的亲切感,提高观察、收集和处理信息的能力。

#### 2. 有条理地说话

在执教一年级下册"分类与整理"时,可以让学生将文具盒或者书包里的物品拿出来,用课上学到的方法,自己选择标准进行分类,看一看谁的方法最多。也可以将衣柜里的衣服进行分类整理,可以按照颜色、季节等进行分类。这样既可以帮助学生理顺思路,又可以培养学生分析和解决问题的能力。

### (二)设计综合实践类作业,培养学生实践创新能力

1. 在作业与生活实践的"链接"中,体验数学价值,培养实践能力。

例如二年级上册"认识时间"一课的作业可设计为:让学生想一想自己的一天是怎样度过的,在什么时间做了哪些事情,然后独立设计一份合理的作息时间表,最后编个故事讲给大家听。

综合实践类作业往往对于情境性较强的概念认识、解决问题等具有强大的助推作用。这些知识贴近学生生活,依托于学生的经验基础之上。只要引导学生培养联系生活数学的意识,他们就会潜移默化地把数学课堂搬回生活中来,

进而在生活中高频地使用这些知识,以强化理解直到内化。并且,如同以上设计,将强化知识、培养有序思维、提高语言表达能力集为一体,引导学生学会把同一时间内的多元信息整合与应用。如此这般,作业转化为实践,知识转化为能力,为学生的全面发展提速。

2.动手操作类作业。在学习了一年级上册"认识图形"以后,可以发布"立体图形大拼搭"的数学活动召集令,号召学生们发挥想象力和创造力,对拼搭好的立体图形作品进行故事创编。激发学生学习兴趣的同时,发展了学生的空间想象力,也让学生们进一步感受到了立体图形的特性,为后续学习立体图形的面积、体积等知识打下了基础。学生们通过故事创编,也锻炼了逻辑思维能力和口语表达能力。

在执教一年级上册"认识钟表"一课时,家庭作业可以这样布置:让学生制作一个小钟表。学生在制作的过程中,自然会观察钟表的时针、分针、表盘等,所以制作的过程也是一个学习、探索的过程。此类作业培养了学生的想象与创造能力。

3.布置生活实践类作业。执教一年级下册"认识人民币"时,可以让孩子准备各种面值的人民币,模仿去超市自主购物的情境,并记录购物清单,算好带的人民币是否够买自己所选的商品。后续关于人民币知识的作业都可以采用实践的方式,让学生在具体情境中学习并巩固所学知识。

## (三)设计亲子类作业

为了让家长及时了解孩子的学习情况并且参与到孩子学习和成长的过程中,教师可以有目的地设计亲子类作业。例如:

### 1.亲子作业一:玩游戏

准备两个骰子。由一个人掷骰子。每掷一次,若两个骰子的点数不同,则其余的人就把所得的两个数相减,如两个骰子的点数相同,就把它们相加,并迅速报出结果。看谁算得对、报得快。这个游戏既可以提高计算十以内的减法和部分加法的熟练程度,又可以培养思维的灵活性、敏捷性。

在学习完一年级上册"位置"这一单元后,可以布置这样的作业:回家后和爸爸妈妈一起玩"说位置、摆位置"的游戏。一人发口令,两人摆放,看谁摆得又快又对。也可以在家里摆放一些物品,请爸爸妈妈坐好,说给爸爸妈妈听,说一说谁在谁的什么位置,谁的什么位置是什么。全家人都能参与其中,让孩子在愉快的氛围中复习所学知识。

**2.亲子作业二:听故事、学数学。**

每周推荐一个数学绘本故事,通过听故事、思问题、想方法、拓思维,引领学生走进美妙的数学乐园。

兴趣是最好的老师,家庭是学生幸福成长的摇篮。让家庭成为课堂的延伸,以爱生力,借力生长。让面向未来的小学数学育人课堂之花,种于课堂,却盛开满园。

## (四)根据教学目标和内容设计高质量作业

高质量的作业需要教师对教学目标和教学重难点精准把握,是教师教学功底、教学能力、教学智慧的体现。同时进行呈现方式和评价目标的多元整合,突出作业的基础性、针对性、层次性,突出对知识点基本技能、思维能力的训练和提升。通过哈尔滨市铁岭小学校杜冬雪老师关于"组合图形的面积"一课的作业设计可以感受到作业设计的智慧和方法。

作业内容:人教版小学数学五年级上册第六单元"多边形的面积"中"组合图形的面积"作业设计。

教学目标:1.探索组合图形面积计算的方法。2.能根据组合图形的条件,灵活选择方法正确计算其面积。3.能解决生活中与组合图形有关的实际问题,发展学生的空间思维能力,认识数学的价值。作业设计内容如下:

**基础训练:**

1.下面的图形是由哪些基本图形组合而成的?画一画。

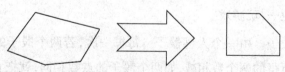

图6-5

【布置意图】以图形间内在联系为线索,把未知转化为已知,加深学生对各种图形特征、图形之间的关系、图形之间的转化的认识,促使学生的空间观念得到进一步发展。

2.想知道图6-6这面旗子的面积,我们可以怎样分割或者填补?画一画。

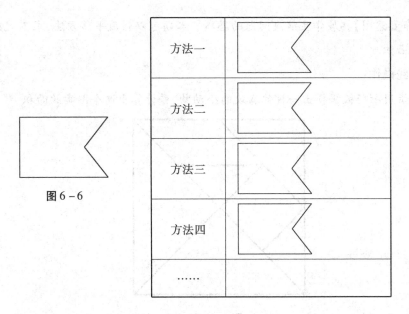

图 6-6

【布置意图】通过这样练习,培养学生解决问题的策略多样化。

3. 计算图 6-7 所示图形的面积(单位:cm)。

【布置意图】从解决问题的方法选择,到图形面积计算,全方位检测学生对组合图形面积的计算能力。

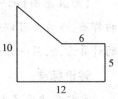

图 6-7

**能力提升:**

4. 判断:如图 6-8 所示,图中的方法可以求出这个组合图形的面积吗?(　　　　)

【布置意图】通过辨析,让学生意识到在对组合图形进行分割时,一定要考虑到求分割后的简单图形的面积时所需要的数据是否完整。

5. 如图 6-9 所示,求草坪的面积是多少?

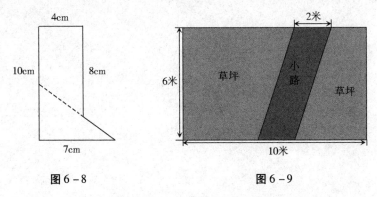

图 6-8

图 6-9

【布置意图】拓展学生解决问题的思路。本题可以利用平移方法,求不规则图形的面积。

**实践操作:**

6.请用七巧板拼摆出一种你喜欢的小动物,并计算出这个图案的面积。

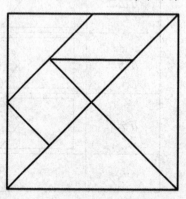

图 6 – 10

【布置意图】七巧板可以拼成许多图形,其中大多都是组合图形。设计这样的作业,一方面可以让学生在操作中体会图形之间的联系,巩固组合图形面积的计算方法,另一方面可以激发学生学习数学的兴趣。

**评价标准:**

在评价中更多发现学生的思考路径,重视知识的转化、沟通和生长点。

# 参考文献

[1]把握数字经济发展趋势和规律 推动我国数字经济健康发展［EB/OL］. (2021 – 10 – 20)［2022 – 04 – 30］. http://cpc. people. com. cn/n1/2021/ 1020/c64094 – 32258470. html.

[2]陈广余.向深度进发的中学化学教学[M].上海:上海教育出版社,2020.

[3]陈小梅.大学生心理健康教育[M].厦门:厦门大学出版社,2019.

[4]高家明.中学高效教育教学模式探究[J].才智,2013(32):104.

[5]郝威.新课程理念下小学数学课堂教学评价量表研究[D].延边大学,2011.

[6]郝新鸿.《自然辩证法概论》课程教学模式探索[J].教育现代化,2019,6 (88):180 – 181 + 195.

[7]孔奠宙,孔凡哲,黄建弘,等.小学数学研究[M].北京:高等教育出版社, 2009.[8]李冬梅,钟建业.信息技术学科知识与教学能力 高级中学[M].北 京:光明日报出版社,2015.

[9]林崇德,杨治良,黄希庭.心理学大辞典:上[M].上海:上海教育出版 社,2003.

[10]林墨恒.逻辑表达力[M].南京:江苏凤凰文艺出版社,2020.

[11]林岩艳.提高小学数学课堂教学效率的策略[J].华夏教师,2020(20): 56 – 57.

[12]刘招宇.浅谈小学数学学业水平智能提升系统设计[J].新课程(小学), 2012(12):148.

[13]罗利川.浅谈小学数学教学中的知识整合——抓住实质 灵活简算[J].科 学咨询(教育科研),2011(3):67.

[14]吕晓亚.小学数学学习多元化评价方式体系的构建[D].陕西师范大 学,2006.

[15]潘建中.凝练教学风格[M].北京:北京理工大学出版社,2018.

[16]钱慧.新课改下小学数学作业的评价方式探究[J].教育观察(中下旬刊), 2013,2(20):76 - 77 +92.

[17]全国人民代表大会常务委员会关于修改《中华人民共和国教育法》的决定 [N].人民日报.

[18]孙昌识,姚平子.儿童数学认知结构的发展与教育[M].北京:人民教育出 版社,2005.

[19]孙延泽.舞蹈教学中如何运用情境教学法[J].艺海,2013(3):86.

[20]汪航.数学教育心理学的发展与"数学素质"的再认识[J].石家庄师范专 科学校学报,2004(3):75 - 79.

[21]王斌华.课堂听课评价法[J].当代教育论坛,2005(2):38 - 42.

[22]吴玉国.走向深度学习的小学数学结构化学习[J].江苏教育,2017(09): 67 - 68.

[23]席爱勇.元素关联:小学数学结构化学习的核心[J].中小学教师培训.2018 (11):53 - 57.

[24]习近平:不忘立德树人初心 牢记为党育人为国育才使命[EB/OL]. (2020 - 09 - 10)[2021 - 05 - 01].http://www. xinhuanet. com/mrdx/ 2020 - 09/10/c_139357749. htm.

[25]习近平:坚持中国特色社会主义教育发展道路 培养德智体美劳全面发展 的社会主义建设者和接班人[EB/OL].(2018 - 09 - 10)[2021 - 05 - 01]. http://www. xinhuanet. com/politics/leaders/2018 - 09/10/c _ 1123408400. htm.

[26]谢伟清."综合与实践"教学中综合性活动的设计与实施——小学数学低 年段"综合与实践"教学感悟[J].科学咨询(科技·管理),2018(8):120.

[27]徐恩伟,王炜.中小学课堂教学评价标准的反思与重构[J].教学与管理, 2021(33):122 - 124.

[28]徐荣花.试论小学生数学学习中自我评价能力的培养[J].新课程(下), 2013(6):110.

[29]荀渊.未来教师的角色与素养[J].人民教育,2019(12):36 - 40.

[30]颜金钰.谈课堂教学中数学学科核心素养的培养[J].知识文库,2020

(23):142 + 144.

[31]杨俊英,张继平,王利春.适应社会发展,培养学习型人才[J].中国校外教育,2012(10):24.

[32]杨永欣.自主探究性学习:培养学习能力的最佳模式[J].教育探索,2002(3):34 - 35.

[33]余励.浅谈小学数学试卷讲评课教学[J].小学教学参考,2013(36):40.

[34]中共中央国务院关于深化教育教学改革全面提高义务教育质量的意见[N].人民日报.

[35]中华人民共和国教育部.义务教育课程方案(2022 年版)[S].北京:北京师范大学出版社,2022.

[36]中华人民共和国教育部.义务教育数学课程标准(2022 年版)[S].北京:北京师范大学出版社,2022.

[37]中华人民共和国教育部.中小学教师教育技术能力标准(试行)[S/OL].(2004 - 12 - 15)[2022 - 04 - 30].http://www.moe.gov.cn/srcsite/A10/s6991/200412/t20041215_145623.html.

[38]朱永新.朱永新说教育[M].青岛:青岛出版社,2017.

# 附录1

## 植树问题

（人教版课程标准实验教科书数学五年级上册）

哈尔滨市道里区新发中心学校　杨思微

【教材解读】

1.教学目标

(1)通过探究发现三种不同情况植树问题的规律。

(2)使学生感受与运用"复杂问题简单化"的解题策略和方法。

(3)让学生感受数学在日常生活中的广泛应用,尝试用数学的方法来解决实际生活中的简单问题,培养学生的应用意识和解决实际问题的能力。

2.教学重点、难点

(1)发现三种植树问题的规律,并能运用规律解决问题。

(2)引导学生发现棵数和间隔数之间的关系。

【教学策略】

本节课通过一些学生熟悉的生活中的事例,让学生根据不同的情况总结出规律,并利用这些规律解决问题。因此本节课注重引领学生进一步探究规律的产生原因,在帮助其建立一定的思维方式的基础上,渗透人文关怀,从而形成解决问题的策略,体验数学思想方法在解决实际问题中的应用。

【教学过程】

一、创设情境,导入新课

(一)德育渗透,激趣设疑

师:同学们,每年的3月12日是我国的"植树节"。看！这是我们敬爱的总书记习爷爷和首都群众一起植树。

党的十八大以来,总书记连续10年同大家一起参加首都义务植树,这既是想为建设美丽中国出一份力,也是要号召大家都做生态文明建设的实践者、推动者,持之以恒,久久为功,让我们的祖国天更蓝、山更绿、水更清、生态环境更美好。

师:同学们,在这两张图片中还隐藏着数学知识呢！(课件在图片中出示间隔的线段图)看,这就是——间隔。

(二)教学"间隔"

1.教学"间隔"的含义

师:同学们,在我们的身边到处有数学。请你们伸出一只手张开手指,仔细观察,你看到了什么?(4 个间隔)5 个手指之间有 4 个间隔,像这样间隔的个数,我们称为"间隔数"。通过刚才我们数的手指数和间隔数,你发现了什么?谁来说说。

生:我发现间隔数比手指数少一个。

师:你们都同意吗? 你真是个善于总结的孩子!

2.在队列中找"间隔"

师:我们在排队时,也出现了人数与间隔数之间的某种关系。下面,请三人起来,问:有几个人? 几个间隔? (依次连续增加 1 人)再问:有几个人? 几个间隔?

师:通过观察同学们刚才排队的情况,你们发现了人数与间隔数之间又有什么关系?

师:为什么人数比间隔数多 1? 你是怎么发现的?

生:我将一个人和一个间隔对应后,发现多了个人。

师:你可以当小老师了,总结得真好! 因为第一个人对应第一个间隔,第二个人对应第二个间隔……而第五个同学没有间隔,因此人数比间隔数多 1。

3.引入植树问题的学习

师:你真聪明! 发现了手指数与间隔数之间的关系,队列中人数与间隔数之间的关系。像这类隐藏着总数和间隔数之间的关系问题,我们称为植树问题。今天,我们一起来研究植树问题(板书课题)。

【设计意图】:课堂伊始,以习总书记参加首都义务植树活动的图片引入,在学生们心中播撒生态文明的种子,之后从学生熟悉的生活情境入手,在和谐的学习氛围中引导学生观察并发现手指和队列中的人数与"间隔数"之间的关系,并通过激励性的语言鼓励学生主动探究,在课堂伊始就渗透了人文关怀,使学生能够乐学、善学。】

二、充分经历,探究新知

(一)大胆猜想,引发冲突

课件出示问题,指名读题,引导学生说说你都知道哪些数学信息?

猜一猜,想一想。

师:现在题意都清楚了,那么大家来猜想一下,一共要栽多少棵树? 那大家究竟猜得对不对呢? 让我们一起来验证一下。

(二)借助操作,探究规律

1.操作探究,发现特点

师:根据100米这个数据,请大家独立思考这个问题,可以选择画示意图或者画线段图的方法。

生独立思考,画图。

师:如果有画完的同学可以和你小组内的其他同学交流一下你的想法。

师:请你来说说,你的结果是什么?

生:……

师:没关系,不要着急,慢慢思考,为什么有20个间隔呢? 你是怎么发现的?

生:在100米长的路上,每隔5米种一棵树,$100 \div 5 = 20$,所以我得到了20个间隔。

师:老师要表扬你,你进步真大! 而且你表述得非常完整,能看出你是通过认真思考才得出的结论,说明你是个很严谨的孩子。没错,就是这样。所以我们用路长÷间隔长就等于间隔数。

师总结:在100米长的小路上,每隔5米栽一棵,因为100里面有20个5,我们将树和间隔一一对应,所以有20个间隔,21棵树。如果我们从间隔的角度观察,那么这棵树就是多出来的,没有对应的间隔,这是将间隔和树一一对应。无论是从哪个角度观察,我们都能发现,棵数=间隔数+1。

【设计意图】:在新知的教学中,直接让学生探究,大胆尝试,利用几何直观渗透数学思想方法,有利于培养学生主动参与的意识,激发学生的探究潜能。在汇报过程中,第一个学生由于担心自己会说错,所以有了短暂的停顿。教学中我及时对学生给予积极的评价,针对个别学生出现不能清楚表达自己想法的时候,能够耐心等待并适当提示,让学生有勇气继续说下去,不产生畏惧心理,敢于发表自己的见解,让数学课堂中随处充满着人文关怀。】

2.丰富数据,再次感知

师:我们只是根据100米发现了棵数和间隔数的关系,那么这个关系是否成立呢? 下面我们来进一步验证。

(1)根据学习单上提供的数据,和组内的同学合作画一画。

(2)完成后,把你的发现在小组内交流一下。

3.汇报交流,总结规律

师:现在我们来将这些不同的数据汇总一下,你发现了两端栽树时棵数和间隔数的关系了吗?

生:棵数 = 间隔数 + 1。

师:你真善于观察和总结! 当我们知道路长和间隔长的情况下,就可以运用棵数 = 间隔数 + 1 来解决两端"同时"栽树的植树问题。

【设计意图】:学习数学的过程,是一个不断探索、发现、研究的学习过程。而在课中进行"小组合作学习"就是在相对枯燥的数学课堂给予学生人文关怀,为学生的探索创造良好的环境和空间。此环节注重引导学生通过小组合作的学习方式进行探究,从而进一步发现并总结规律,为学生的讨论和探究创造良好的环境。】

(三)灵活运用,触类旁通

1.只栽一端

师:这条小路的一边新建了一个图书馆,其余条件不变,现在大家想一想,这回这条路上有几个间隔? 说说你的想法。

生1:有20个间隔,100÷5 = 20。

2.两端都不栽

师:这条小路的另一边又建了一个游泳馆,有几个间隔?

生2:还是20个间隔。

师:表扬这两名同学,他们都非常善于活学活用,肯动脑思考。

3.对比总结

师:现在大家思考一下,这两种情况,间隔数都是20,那么棵数分别是多少? 棵数和间隔数都有着什么关系? 请大家在小组内讨论一下吧。

生讨论。

师小结:我们还是可以运用一一对应的数学思想方法,第1棵树对应第1

个间隔,第 2 棵树对应第 2 个间隔……以此类推,第 20 棵树就对应第 20 个间隔,因为路的一端有房子不能栽树,所以没有刚才多的那棵树了,因此只栽一端的情况下,棵数＝间隔数。

如果两端都不栽,第 1 个间隔对应第 1 棵树,第 2 个间隔对应第 2 棵树,以此类推,最后一个间隔没有对应的树了,多出了一个间隔,所以两端都不栽的情况下,棵数＝间隔数－1。

【设计意图】教师的教与学生的学从某种意义上来讲是一种沟通、合作。在数学课堂中,师生之间、生生之间的交流包含着情感态度的交流,是充满了人文关怀的。此环节通过引导学生灵活运用已有的知识经验来解决植树问题的另外两种情况,并通过小组内交流沟通、观察总结,总结出在两端都栽时的规律,充分尊重了学生的认知规律,在课堂上构建了一个完整的"猜想——验证——分析——得出结论"的探究过程,在理解意义的基础上总结出了三种类型的植树问题的规律。通过这样的学习,学生不仅仅学会了一个问题的解决方法,更是灵活地掌握了一类问题的解决方法,这是又一种对学生思想上的人文关怀。】

三、回归实际,应用规律

师:现在我们对于植树问题的规律已经了解了,下面我们就来挑战一下自己吧。

1.学校马路一旁栽了 25 棵梧桐树。如果每两棵梧桐树中间栽一棵银杏树,一共要栽(    )棵银杏树。

2.在一条全长 2000 米的街道两旁安装节能路灯(两端也要装),每隔 50 米安装一盏。一共需要安装多少盏节能路灯?

【设计意图】我们不仅要在课堂上渗透人文情怀,更应该关注学生的课后时间。小学生喜欢探究新的事物,他们希望自己是一个探索者,能够依靠自己的探索去发现知识,进而理解知识的内容。因此在练习环节通过这样两道有梯度的练习,既巩固了所学习的知识,又照顾到了不同层次的学生,能够引导学生运用探究出的规律来解决实际问题。考虑到学生是刚接触这类问题,故没有选择过于复杂的练习,在练习中关怀学生,避免出现拔苗助长的现象,进而有梯度、有层次地理解并运用新知。】

四、课堂小结,质疑提升

师:这节课,我们经历了猜想、验证、分析进而得出结论,通过运用化繁为简、一一对应等数学思想方法,理解了三种植树问题的规律。那在本节课的最后,老师想给同学们留下一个思考的问题,看看大家课下能不能运用所学知识去解决。(出示封闭图形的植树问题)

**【板书设计】**

植树问题

| 猜想 | 路长÷间隔长=间隔数 | 化繁为简 |
|------|------------------|---------|
| 验证 | 线段图 | 一一对应 |

棵数=间隔数+1

棵数=间隔数

棵数=间隔数-1

**【评析】**

数学是一门理性的学科,但是却需要老师通过感性的方法进行教学。"植树问题"是个比较抽象的问题,传授数学思想方法固然重要,但在课堂中给予学生充分的人文关怀,可令教学效果事半功倍。本节课,老师在教学中兼顾了数学思想方法的渗透和对学生的人文关怀,主要体现在以下几点:

一、在情境创设中注重德育渗透,弘扬优良传统

在本节课情境的创设中注重引导学生感悟中华民族爱树、植树、护树的好传统,老师以习总书记参加首都义务植树活动这样具有"育德"意义的情境入手,一方面,体现出植绿护绿、关爱自然是中华民族的传统美德;另一方面,习总书记同孩子们一起劳动,强调了德智体美劳全面发展,不能忽视"劳"的作用,要从小培养劳动意识、环保意识、节约意识,勿以善小而不为,从一点一滴做起,努力成长为党和人民需要的有用之才。

接下来老师设计了两个层次的活动,先通过观察手,教学"间隔""间隔数"的含义,再创设排队的情境,引导学生理解"总数"和"间隔数"之间的关系,这样贴近生活的导入,拉近了学生与新知之间的距离,体现了对学生的人文关怀。

二、在学习方式上注重小组合作,创设和谐的学习氛围

学习数学的过程,是一个不断探索、发现、研究的学习过程。而在课中进行"小组合作学习"就是在相对枯燥的数学课堂给予学生人文关怀,为学生的探索创造良好的环境和空间。在课堂中,老师注重引导学生通过小组合作的学习方式进行探究,从而进一步发现并总结出植树问题的规律,为学生的讨论和探究

创造良好的环境,进而培养学生与他人沟通并学会认真倾听他人的想法,在学生思辨的过程中渗透人文关怀。

三、在评价上注重正面激励,从思想上关爱学生

新知的教学,在渗透数学思想方法的同时关怀着学生,并且充分尊重学生的认知规律,在课堂上构建了一个完整的"猜想——验证——分析——得出结论"的探究过程,在理解意义的基础上总结出了植树问题的规律。通过这样的学习,学生不仅仅学会了一个问题的解决方法,而是灵活地掌握了一类问题的解决规律,这是对学生思想上的关心和关爱。

同时,在对学生进行评价时,老师采用激励性的语言,鼓励学生勇于表达自己的想法和见解,在回答问题出现错误时也会及时安慰,在汇报过程中个别学生出现不能清楚表达自己想法的时候,能够耐心等待并适当提示,让学生有勇气继续说下去,不产生畏惧心理,让数学课堂中随处充满着人文关怀。

总之,越是抽象的数学知识,越需要教师耐心地给予学生关爱。学生的成长是有过程的,不能急于求成,在培养学生思维的基础上渗透人文关怀,这才是真正"育人"的课堂。

# 附录 2

## 因数与倍数　单元整理复习课

（人教版课程标准实验教科书数学五年级下册）

哈尔滨市铁岭小学校　汲淼

【教材解读】

"因数与倍数"是人教版五年级下册第二单元的知识,这部分的知识是在学生学习了一定整数知识的基础上对整数的性质再加以认识。在单元整理复习的过程中既涉及因数、倍数、质数、合数、奇数、偶数等概念,又涉及第四单元中的最大公因数、最小公倍数等内容,这些都属于初等数论知识。因此本课的教学重点是针对本单元所学知识的综合运用,把所学知识有条理地整理成知识网络图,将知识进行一次回顾。

教学目标:

1.通过整理与复习,系统掌握本单元的概念,建构因数与倍数的知识网络。

2.能灵活用这部分知识解决生活中的实际问题,体验数学和日常生活密切相关。

3.通过合作交流等活动培养学生思维能力、说理能力,使学生感受到学习的快乐,使每个学生得到不同的发展。

教学重点:

1.复习整理这一单元的概念,建构因数与倍数的知识网络。

2.利用所学知识灵活准确地解决实际问题。

教学难点:学会如何有序整理知识,建构因数与倍数相关知识的知识网络。

【教学过程】

一、猜测生日 活动预热

师:同学们,很高兴今天和大家一起来上这节数学课,我们先来彼此认识一下吧! 我叫汲淼,大家可以叫我汲老师。好朋友之间就应该深入了解,你们想知道我的生日是哪一天吗?

生:想!

师:那我们就用数学的方式彼此认识一下吧! 我生日的月份数是 2 和 3 的

积。日期是一个两位数,十位上的数是最小的质数,个位上的数是9最小的倍数。你们猜猜是哪一天呢?

生1:我知道2和3的积是6,老师您是6月份的。

生2:我能猜出老师是哪一天,最小的质数是2,9最小的倍数是它本身,就是9,所以老师您的生日是29日,6月29日。

师:看看,用数学的眼光观察,数学的思维思考,马上就猜出了汲老师的生日,你们太棒了! 刚才这两位同学在分析的过程中说到了因数、又说到了倍数,这节数学课我们就针对"因数与倍数"这部分知识进行整理复习!

【设计意图】:课堂导入选取了谈话式导入方式,这样的方式很容易唤起学生参与的欲望,增强教学参与的融合度。通过猜测老师的生日过程,回忆所学的相关知识,创设合理、科学、利于学生参与的数学活动是一节高效课堂的必备条件。】

二、回忆梳理 构建网络

师:同学们上课前已经对本单元的知识进行了梳理,谁来说说你是采用什么方式进行梳理的?

生:我是用知识树的形式进行梳理,将其分为两个枝干,左边是因数的相关知识,右边是倍数的相关知识。我将所有例题出现的内容都呈现出来了。

生:我采用的也是知识树的形式,但是我分了三部分。一部分是因数与倍数相关的知识,一部分是质数、合数相关的知识,还有一部分是2、3、5的倍数知识。

生:我选择的方式是例题梳理的方式,请大家看,我按照学习的过程,将所有的知识点都有序梳理出来了。

师:老师还看到有的同学选择了用表格的方式梳理,也有的同学选择知识点分类的形式梳理,还有的同学用典型题的方式进行梳理。这些方式都可以。现在我们在小组内交流一下你的梳理内容,相互检查一下在梳理的过程中有没有遗漏的知识点,如果有,请你修正在自己的单元导航单上。

【设计意图】:五年级的学生对于知识的梳理已经有了一定的经验,课前先让他们经历独立思考的过程,然后在课堂上通过短暂的分享交流可以不断地增加知识整理的方法,同时在展示交流、相互介绍的过程中更容易教会学生科学梳理知识、建构知识网的方法和策略。最重要的是培养学生阶段整理、建构知识

网的学习习惯,打通知识与知识之间的间隔墙,了解知识与知识的内在联系。】

三、课堂交流 师生共同构建知识网络

师:同学们,其实因数与倍数的知识在我们的生活中常常用到。我们班有个QQ群,班级里的同学们都加了我,他们有空会和我聊聊天,有时也会和我一起讨论数学问题。今天汲老师也想邀请大家加入我们QQ群,与我们成为好友,这样以后我们就可以一起交流,你们想知道这个群的号码吗?那就让我们大家来猜一猜,谁猜对了,老师就邀请他来当这个群的管理员,好吗?先给自己鼓鼓劲:比一比,我最棒!请大家看大屏幕(投影)。

(1)(课件呈现猜谜要求)这个群号是一个8位数:

第一位数字是2和3的积;

第二位数字是8的因数的个数;

第三位数字是最小的质数;

第四位数字是9的最小倍数;

第五位数字既是7的倍数,又是7的因数;

第六位数字是10以内的,既是质数,又是偶数;

第七位数字是自然数的单位。

第八位数字是最小的奇数与最小的合数之和。

(2)学生独立思考破解群号后同学之间汇报交流:

生:第一位数字是2和3的积,2×3=6。(板书)

师:你从这个等式可以得到什么信息?

生:2和3是6的因数,6是2和3的倍数。(板书 因数与倍数)

师:因数和倍数是互相依存的。(板书)

生:第二位数字是8的因数的个数,8的因数有1、2、4、8,共4个。

师:你是怎样求8的因数的?你发现8的因数的个数能算得清吗?最小是几?最大是几?(板书:个数是有限的,最小是1,最大是它本身。)

练习:求2、1、9的因数,通过个数对比,引出自然数根据个数可以分成质数、合数和1。(板书:质数、合数、1)

生:第三位数字是最小的质数,是2。

插入练习:(让学生复习100以内的质数表,可以要求背。)

生:第四位数字是9的最小倍数,一个数最小的倍数就是自己,没有最大的倍数。(板书:个数是无限的,最小是它本身,没有最大的倍数。)

插入练习:(写出 2 的倍数。)

师:写出 2 的倍数,你又想到了些什么呢?

生:我知道 2 的倍数都是偶数,我还想起了 2、5、3 的倍数特征。

师:一道小小的练习题唤醒了同学们这么多知识间的联系,老师真高兴!我们继续往下看。

生:第五位数字既是 7 的倍数,又是 7 的因数,我知道一个数既是它本身的因数也是它本身的倍数,所以第五个数是 7。

生:第六位数字是 10 以内的,既是质数,又是偶数,我知道 2 是偶数中唯一的质数,肯定是 2。

生:第七位数字是自然数的单位,这个我没太想好。

生:是 1,因为 1 是所有自然数的因数,肯定是自然数的单位。

师:有理有据! 真像个小小数学家。

生:第八位数字是最小的奇数与最小的合数之和,那就是 $1+4=5$。

师:一串原本普普通通的 QQ 群号码,在大家的推理过程中更有了数学味道,密码正确,欢迎加入群号码:64297215。

师:大家注意到了吗,从一个群号码里面就能把我们一个单元的内容给整理出来,这也就是我们这节课所要复习的内容。

【设计意图】选择猜测 QQ 群号码这种数学活动,目的就是将本节课的知识自然地串成线,不知不觉、润物无声地引领学生挖掘知识间的联系,破解典型易错题的症结,在不断有序的、科学的推理过程中发展学生的数学思维,在不断地举例验证过程中将因数、倍数、质数、合数、奇数、偶数这些看似容易混淆的概念进行清晰分类,便于学生理解、掌握和描述。】

四、分层习题 巩固提升

基础题:

用本节课的知识介绍一下自己。可以是年龄、家庭人口、电话,让别人猜一猜。如:我叫( ),是( )年级( )班的学生,今年( )岁,我的岁数是一个( )数,我家有( )口人,人口数是一个( )数。我家的电话号码从左到右依次是( )等。

能力题:

一筐苹果,2 个一拿,3 个一拿,5 个一拿都正好拿完而没有余数,这筐苹果最少应有多少个? 请你简单说明为什么。

五、数学研学——埃拉托斯特尼筛法

六、板书设计

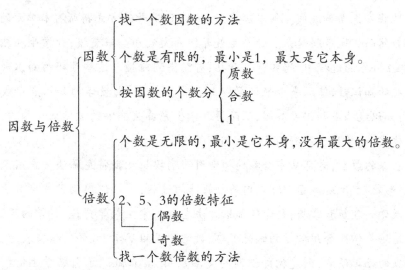

【评析】

单元整理复习课是数学课堂教学的一种重要课型,老师把"忆——理——析——练——评"作为整理复习课的课堂教学模式,在整体回忆、个人梳理、互动交流、构建知识网的过程中既培养学生良好的学习习惯,又教会他们通过科学、有序的方法进行整理与复习。《义务教育数学课程标准》指出,"学生是学习的主体,教师是学习的组织者、引导者与合作者。"①在本节复习课中,老师在课前布置家庭作业,学生每个人完成"因数与倍数"单元整理复习的导航单,运用自己喜欢的方式将各个概念进行展示汇报。课堂的呈现中我们看到了很多学生思维的起点,有知识树、有知识网、有表格罗列、有例题梳理、有类型题分析……学生自己在梳理的过程中本身就对本单元知识有了充分的回忆和再认识的过程。

能把所学的知识有条理地整理成知识网络图,对学生来说是重要而必备的

---

① 中华人民共和国教育部. 义务教育数学课程标准(2022 年版)[S]. 北京:北京师范大学出版社,2022:3.

技能。当然这个技能并不是一节课就可以培养出来的。如何在确保学习兴趣的前提下,有效培养学生构建知识网络的意识和能力呢?

考虑到"因数与倍数"这部分的学习内容杂、概念多,老师将整个知识网络的构建采用了两次猜号码的方式。第一次采用猜测老师生日的方式,将育思贯穿其中,降低了整理的难度,激发了学生参与的热情,唤醒了知识学习的起点,巧妙地将知识点串成线。第二次采用猜测QQ群号的方式将所有本单元的知识点都自然而然地串联起来。让学生展开组内交流和全班交流,让学生在相互启发、相互补充的过程中,思维得到开拓,智慧得到碰撞。这些琐碎的知识形成一条系统的知识链,使原来分散的学习知识得以梳理,由数学的知识点串成知识线,由知识线构成知识网络图,从而帮助学生完善头脑中的数学认识结构,形成知识体系,让学生在原有的基础上都有所收获。

在课的最后,老师从完全数的神奇引入到埃拉托斯特尼筛法。采用微课的形式,形象、生动地展示100以内质数筛选的过程,不仅仅内化了学生对于质数概念教学的理解和掌握,科学的筛选方法也给了学生数学严谨、科学的再认识,不断地培养学生会用数学的眼光观察、数学的思维思考、数学的语言表达,从最初抽象的死记硬背,到建构知识网的灵活应用,真正做到了引领学生们把数学知识学好、用好!

# 附录3

## 突破定势、统筹兼顾——顾全大局

### 哈尔滨市继红小学校　温与寒

【课例解读】

1. 器具分析

本节课是一节益智类课程。"顾全大局"是一款巧推类益智游戏,它由4个正方体组块构成,每个组块的6个侧面分别绘有红、黄、蓝、绿4种颜色的彩点,各组块彩点的颜色数量不尽相同。其基本玩法:按特定形态不断重新排列4个组块,使外露各面不存在相同颜色的彩点。由于各个组块彩点颜色数量有差异,因而按特定要求完成重构任务时,需各面照应、通盘考虑、统筹兼顾,故名"顾全大局"。学生在对4个组块重新排列组合的过程中,不仅需要敏锐的观察能力、缜密的分析推理能力,而且需要运用排除法、枚举法等解决问题的策略,还要有不断尝试、验证和修正的耐心。因此这款器具具有多重思维训练价值。

2. 教学目标

(1)了解"顾全大局"这款器具的玩法,在观察思考、动手实践的过程中提高分析问题、解决问题的能力。

(2)经过观察思考发现器具色点分布特点,在拼摆实践中寻找突破口,运用逆向思维化繁为简解决问题。

(3)智慧与人格得到良好发展,在不断观察和实践中,抽丝剥茧寻找问题解决的有效方法,在和同伴的交流中受到启发,有序思考问题从而解决问题,更愿意面对挑战。

3. 教学重点、难点

教学重点:在认识这款器具的基础上,探究拼摆的方法,提高观察及有序思考的能力。

教学难点:突破思维定式,换角度思考问题,有序、有逻辑性地解决问题,发展逻辑思维能力。

【学情分析】

这款器具符合高年级学生年龄特征,极具趣味性与挑战性,破解器具的关键节点是需打破常规思维定式。高年级学生具备一定的观察能力和逻辑思维能力,但在实践中容易受到思维定式的影响,因此如何引导学生完成重构任务,锻炼精细观察、缜密推理、计算推演的能力显得尤为重要。

**【教学策略】**

基于任务驱动的项目式学习,突显数学实验法;采用操作体验法、分类讨论法、合作学习法,基于学情,以学定教。

**【教学过程】**

一、引学:观察猜测 分析交流

1.观察交流:今天想和大家探索一款新的器具,它的名字叫"顾全大局"。你知道顾全大局是什么意思吗? 这款游戏和顾全大局又有什么关系呢?

2.思考猜测:看看器具是由哪些组件构成的? 猜猜它是怎么玩的?

3.预设分析:组件特点,有木槽、木槽有孔、从孔中可以看到色点。有 4 个小立方体木块,一个立方体有 6 个色点,每个小立方体都有红、黄、蓝、绿四种颜色。

游戏规则:将四个组块放入木槽里,按一定顺序排列,使外露的各面彩点颜色各不相同。

**【设计意图】**通过质疑、猜测、观察器具,在观察中发现器具的组成,关注到组块色点分布是不同的,不同颜色色点数量也不相同,在交流中熟悉器具组件,激发探索玩法的兴趣,为破解谜题奠定基础。】

二、研学:探索玩法 逆向思维 打破定势

1.尝试操作:自己试着玩一玩吧。成功了吗? 你遇到什么困难?

(顾得了一个面,顾不了两个面,顾得了两块,顾不了三块,总有相同颜色的点。)

2.聚焦问题:看来这个游戏并不像我们想得那么容易,遇到困难我们就要想办法,数学中有种思想叫"统筹兼顾",意思是按要求拼摆时要各面照应、通盘考虑、统筹兼顾,所以器具的名字叫"顾全大局"。

既然从整体出发,我们就要根据组块的特点进行分析,再和我们要达成的目标建立联系。

3.观察分析:观察一下,6个组块上共有几个色点?(24个)如果按要求拼摆成功,露在外面的共有几个色点?(无论组块如何排列,根据规则,露在外面的始终应该是每种颜色的点各4个,共计16个。)你发现什么了?为什么差了8个点呢?藏在哪了?藏在里面的应该是什么样的点呢?(数量多的色点)

根据同学们的分析,就需要记录每个组块上色点的数量,将多余的点藏起来。

请你完成这个表格,试着将每个组块上多余的点藏起来再试一试吧。

4.实践分享:小组合作,利用色点分布的特点,结合记录的数据,分析隐藏的8个色点该如何选取,在分享经验的过程中,发现D块没有办法隐藏一红一绿,因为在这个组块中,这两个色点并没有相对,那就要根据实际情况及时调整策略。

【设计意图:在操作中,意识到4个小正方体放到木槽中,会相互隐藏一些色点,而露出16个色点。在相互分析补充中,提高对组块特点的认识,将关注点引向色点数量上。在充分的交流和思考中,迸发出智慧的火花。在小组合作中,学生围绕突破口,展开自己的思考,并在伙伴的交流中,发现在遇到困难时,可以换个角度思考问题,解决问题时要突破定势,要审时度势,及时调整。】

5.有序调整:把8个多余的色点都藏起来了,露出来就是我们需要的了,按规则拼出彩点。

预设:再次尝试按规则拼摆,是有策略尝试。在尝试调整的过程中,学生发现调整能更快速地解决问题。

6.梳理应用:同学们探究之前能够仔细观察,根据组块色点的特点统筹兼顾,遇到问题还能打破定势,及时调整策略,想办法解决困难,调整的时候也做到有顺序地调整,真正做到了顾全大局!我们从这款器具上得到的启示在解决数学问题中也会用到。

【设计意图:引导学生完成重构任务,使得精细观察、缜密推理、计算推演的能力得到不同程度的提升。通过梳理解决这款器具的方法和思想,并尝试运用到数学问题中,使数学知识与器具操作深度融合,加强学生的反思和应用能力。】

三、展学:拓展延伸

1.介绍器具原理:四色定理(视频播放)。

2.拓展四色对板、五色对板、彩虹之岛等,运用四色定理来设计巧推器具。

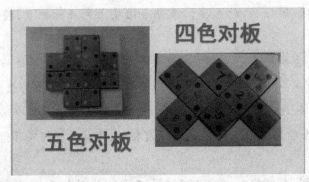

【设计意图】:展学环节进行知识的深化与泛化。拓展学生的视野,尤其对相关的益智类游戏进行拓展介绍,激发学生探索的欲望,开启学生探索益智的大门。】

附:板书设计

顾全大局

| | | |
|---|---|---|
| 观察 | 统筹兼顾 | 24 |
| 分析 | 打破定势 | -8 |
| 实践 | 有序思考 | 16 |

【评析】

通过课例,我们深深感到,小学数学课堂教学的核心任务是对学生进行思维培养。通过学生的深度学习引发高阶思维;通过益智器具和思维导图,激发学生思维能力的提升,尤其是反思性思维和创新性思维培养更是当前数学课堂教学承载的重要内容。对创新思维的培养,通过益智器具的使用和训练能够收到良好的效果。另外,益智器具可以引入数学课堂,也可以在学生课后服务时间内作为培养学生兴趣、激发学生思维潜能的有效工具,开展数学思维训练活动。"顾全大局"这款益智游戏以其简单的组件、简单的游戏规则和复杂的内在关联,构成了亟待破解的难题。学生很容易沉浸到问题解决的情境中,激发其寻求答案的心理活动。本节课教师的设计以操作活动和思维引导为主线,在观察、理解问题的基础上,通过持续探索、寻找、发现有效的策略和方法,抽丝剥

茧,最终完成问题破解。纵观全课,有以下几个突出特点:

1. 给学生充分的时间,在操作中激发学生思考力,带给我们惊喜。本课主要的教学方式是学生动手操作,在操作中观察、思考,形成相关的思维能力。教师通过设计不同层次的操作活动,由对组块的认识到对色点数量的关注,引导学生思考中实践,建立组块特点与达成目标间的联系,将思考的焦点聚集在如何隐藏多出的 8 个色点上,在不断试错中反思解决问题的方法。给学生充分的时间,他们有发挥自身潜能的机会,从而带给我们惊喜。

2. 问题的解决依靠学生,在问题解决中激活思维潜质,发展创新思维,使问题解决不再困难。对于关键组块的色点隐藏,学生会有一些思维定式,导致问题解决进入死循环,教师通过适时地引导,让学生通过对比分析,发现突破定势解决问题的思路。在调整的过程中,学生发现如何在不打乱原有颜色的基础上上下旋转,不能左右旋转。对于后两块的位置摆放由盲目逐步走向有意识地分析,把问题的解决交给学生,学生有了主动性,问题解决不再困难,在问题解决的过程中分析推理能力更为缜密。

3. 操作伴随思维提炼,增强实践目的性,反思性思维得到发展。教师有意识地在学生操作进程中引导学生反思,进行思维的提炼与点拨,帮助学生养成观察、思考、对比、辨析的思维习惯,帮助学生善于运用排除、试错等思维方法,以减少操作的盲目性。学生在完成拼摆任务的过程中运用排除等解决策略,由盲目尝试到有意识地计算、推演和构思,思维水平得到了提升,同时在破解任务的过程中磨炼了意志,更有耐心和韧劲。

总之,教师在教学中挖掘了器具潜在的训练功能与价值,用巧妙的设计帮助学生以整体的眼光把握器具。整个设计以学生操作为主,尽可能地让学生自身的思维潜力发挥主体作用,教师只在必要时提供帮助,适度提供思维进阶的支架,诱发层层递进的认知挑战,学生破解器具的同时,思维能力得到有效提升。

# 附录 4

## 哈尔滨市小学数学课堂教学评价标准表

| 一级指标 | 二级指标 | 三级指标 | 评价标准 | 分值 | 得分 |
|---|---|---|---|---|---|
| 教学设计 | 教学思想 | 价值引领 | 在学生的学习过程中将育人目标作为第一要素,预设和捕捉教学中育人内容和育人时机,将育人贯穿始终。 | | |
| | | 主动学习 | 课堂教学中不允许出现教师牵着学生走的现象,要引导学生主动学习,为学生的学习和发展创造充分的时间和空间。 | | |
| | 目标达成 | 知识与技能 | 教学设计体现课程标准与学科教学有机整合,结构完整。内容与学情分析准确、全面。 | | |
| | | 过程与方法 | 目标明确、具体、可检测,重难点突出;教学活动设计翔实,操作性强。 | | |
| | | 情感态度与价值观 | 要体现社会主义核心价值观的渗透和融入。 | | |
| | 素养体现 | 必备品格 | 教学目标与课程标准的要求一致,体现核心素养的基本导向,关注必备品格的培养。 | | |
| | | 关键能力 | 有多边的、丰富多样的信息联系与信息反馈;提供学生学会学习的机会与平台,注重关键能力的培养。 | | |
| 教域 | 教材处理 | 教材理解 | 教材的组织能力、语言的组织能力,核心是教学活动的组织能力,即一般意义上的驾驭课堂活动的能力。 | | |
| | | 教材使用 | 根据教材内容合理、创造性使用,教学容量适当,时间分配合理,教学过程紧凑流畅。不是教教材而是用教材教。 | | |
| | 教学实施 | 教学策略 | 教学基本功扎实,语言规范;教学组织形式和方法、策略有效;具备敏捷快速地捕捉教学过程中各种信息的能力,注重教学生成,反馈和评价及时恰当。教学环节完整,体现出对学生学习兴趣和自主探究意识的培养。 | | |
| | | 教学方式 | 教学面向全体,以学生为主体,注重学习方式的引导,注重学生差异,能调动学生积极参与。 | | |
| | | | 教师能熟练运用信息技术,合理选择、整合和应用数字教育资源,能解决教学实际问题。 | | |
| | | 教学评价 | 灵活果断地采取有效措施,推动教学进程。在与学生的交往中,充分地尊重与信任学生,在课堂教学中对学生表现出应有的热情与宽容。对于学生反馈内容及时有针对性客观评价。 | | |
| | | 参与效果 | 数学核心素养与课程标准理念的落实,全员参与,全员反馈。发展学生思维,培养学生能力。 | | |

**续表**

| 一级指标 | 二级指标 | 三级指标 | 评价标准 | 分值 | 得分 |
|---|---|---|---|---|---|
| 学域 | 学生状态 | 学生氛围 | 课堂气氛活跃有序,学生学习积极主动,在学习活动中获得良好体验。 | | |
| | | 学生参与 | 全体学生都能达到教学目标的基本要求,不同层次的学生都有收获。 | | |
| | 学习收获 | 学科价值 | 体现学科核心素养,促进学生在学科思维、实践能力、情感与价值观等方面的发展。 | | |
| | | 育人价值 | 促进学生正确的人生观、价值观的形成,良好的学习习惯、思维习惯的培养,良好品格得到引领和发展。 | | |
| 总分 | | | | | |

# 附录 5

## 小学数学知识领域教学多元评价量表（样例）
## 第二学段"统计与概率"教学多元评价量表

学校：　　　　　年级：　　　　　学科：

教师：　　　　　评价者：　　　　　日期：

| 评价指标 | | | 评价等级 | | | |
|---|---|---|---|---|---|---|
| | | | A | B | C | D |
| 教学目标 | 教学内容 | 分层目标设定 | | | | |
| | | 三维目标整合 | | | | |
| | 教学重点难点 | 根据数据做出判断与预测 | | | | |
| | | 符合内容特点 | | | | |
| 教学过程 | 教学活动过程 | 统计教学的形式（列举方法） | | | | |
| | | 在生活中获取数据 | | | | |
| | | 统计的教学方法 | | | | |
| | | 能否根据数据做出预测并述理由 | | | | |
| | | 根据数据结果做出判断与推测 | | | | |
| | | 研究随机性问题的过程 | | | | |
| | 学生参与教学的情况 | 动手收集、整理并分析数据 | | | | |
| | | 解释所求数据的意义并做决策 | | | | |
| | | 设计统计活动 | | | | |
| | | 设计猜测情境并发表意见 | | | | |
| | 教学基本功 | 语言 | | | | |
| | | 计算数据可能性 | | | | |
| | | 板书简洁，重点突出 | | | | |
| | | 参与学生调查活动 | | | | |
| | | 媒体运用 | | | | |
| | 教学艺术 | 针对统计情况评价 | | | | |
| | | 根据统计过程组织教学 | | | | |
| | | 根据统计情况引导 | | | | |

续表

| 评价指标 | | | 评价等级 | | | |
|---|---|---|---|---|---|---|
| | | | A | B | C | D |
| 教学效果 | 教师自我反思 | 统计教学设计完成度 | | | | |
| | | 学生体会事情发生的可能性 | | | | |
| | | 教学亮点 | | | | |
| | | 自我纠正 | | | | |
| | 评价者与执教者的交流 | 教师对本堂课的自评 | | | | |
| | | 教师对学生掌握统计情况的评析 | | | | |
| | | 评价者的评价 | | | | |
| | | 达成共识 | | | | |
| 学生问卷调查结果 | 能否体会到统计在生活中的重要性 | | | | | |
| | 是否清楚如何统计 | | | | | |
| | 是否学会了统计方法 | | | | | |

定性评价

是否发展了学生的统计观念：＿＿＿＿＿＿＿＿＿＿＿＿＿＿＿＿＿＿＿＿＿＿＿＿

课堂中是否激发了学生统计的兴趣：＿＿＿＿＿＿＿＿＿＿＿＿＿＿＿＿＿＿＿＿＿＿

学生的判断能力、预测能力是否得到提升：＿＿＿＿＿＿＿＿＿＿＿＿＿＿＿＿＿＿＿

值得推广的亮点是：＿＿＿＿＿＿＿＿＿＿＿＿＿＿＿＿＿＿＿＿＿＿＿＿＿＿＿＿

急需改进的地方是：＿＿＿＿＿＿＿＿＿＿＿＿＿＿＿＿＿＿＿＿＿＿＿＿＿＿＿＿

如何改进：＿＿＿＿＿＿＿＿＿＿＿＿＿＿＿＿＿＿＿＿＿＿＿＿＿＿＿＿＿＿＿＿

## 附录6

### "三学、两反思、一提升"教学模式课堂教学观察记录表

| 环节 | 学生主体体现 | 教师主导落实 | 改进建议 |
|---|---|---|---|
| 学生自学 | 1.学习起点的掌握。 | 1.复习的形式有效性,面向全体的引导,针对问题的调整和效率。 | |
| | 2.自学任务的挑战性,自学内容的准确度,自学形式的创新性。完成情况统计。 | 2.教师的自学形式设计,自学过程共性问题的调控,学困生的指导。 | |
| 一次反思 | 1.发现的表达与归纳整理能力。 | 1.相机的引导,目标的落实。 | |
| | 2.学生的知识迁移意识和能力提升情况。 | 2.教师对于迁移意识及能力的培养。 | |
| 学生互学 | 1.合作参与的效果和作用。学习的热情,过程和效果。 | 1.合作任务的指向性、层次性、纵深性。过程的调控与学生差异的调控。 | |
| | 2.教学目标的达成率预判,分数性质归纳的全过程的参与和效果。 | 2.目标落实情况,分数的意义建构过程中的主导落实。 | |

续表

| 环节 | 学生主体体现 | 教师主导落实 | 改进建议 |
|---|---|---|---|
| 二次反思 | 1. 学生合作能力提升及合作中作用的发挥。 | 1. 学生合作中的教师深入,点拨作用的体现。 | |
| | 2. 知识的归纳能力。重点的解决和难点的突破情况。 | 2. 问题设计对于目标达成的促进作用。 | |
| 全班共学 | 1. 知识的重点掌握情况,目标的达成度,拓展的掌握情况。 | 1. 对于学生学习情况的反馈效率,及时跟进调整的调控。 | |
| | 2. 学习能力的提高,学习情感态度价值观的表现情况。 | 2. 是否促进学习力的提升,是否促进情感态度价值观的提升。 | |
| 师生提升分析 | 学生自己总结在知识、方法、思想方面有哪些提升。教师帮助学生提炼和指导,有创造性地引导和优化学生的思维具体表现。 | | |

# 附录 7

## 试卷编写样例

### 2018—2019 学年度三年级下册（1—4 单元）数学学情反馈

| 题号 | 第一关 | 第二关 | 第三关 | 第四关 | 第五关 | 书 写 | 等 级 |
|------|--------|--------|--------|--------|--------|--------|--------|
| 得分 |        |        |        |        |        |        |        |

同学们，经过两个月的数学学习，你们一定有很多收获吧！让我们带着信心与细心，一起来闯关吧！

**第一关，我会算。比一比，看谁算得又准又快。**（每小题 1 分，共 10 分）

小明同学在答题时遇到了困难，请你帮助他解决问题吧！

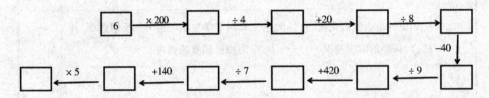

**第二关，我会填。工整写，看谁细心又认真。**（第 1、4、5 题竖式 3 分，5 题验算 2 分，其余每空 1 分，共 31 分。）

1. 完成下面计算，并根据算理在 _____ 里填算式。

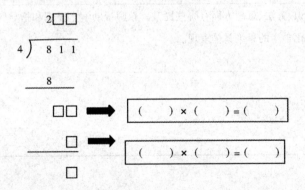

2. 806 除以 8，商的末尾有（    ）个 0。

3. 要使 □35÷7 的商是三位数，□里最小填（    ），要使商是两位数，□里最大填（    ）。

4. 为积极开展阳光体育运动，学校组织二学年篮球操表演，共有 36 人参加，每人一个篮球，每个篮球 98 元，买这些篮球一共（    ）元。（列竖式计算）

5. "中国诗词大会"电视节目8期共728分钟,平均每期播放(　　)分钟。(列竖式计算并验算)

6. 为了响应国家"节能减排,绿色出行"的号召,王老师每天步行去单位,一个来回需要36分钟,平均每分钟走97米,王老师一天大约走了(　　)米。

7. 为庆祝"六一国际儿童节",新华书店特举办故事书促销活动。一本故事书8元,小雨有100元,最多可以买到(　　)本书。

8.4月23日是"世界读书日",书店新进500本数学读物,卖出420本,剩下的书每8本装成一套,可以装(　　)套。综合算式是(　　　　　),先算(　　)法,再算(　　)法。

9. 三年级植树25棵,四、五年级植树是三年级的12倍多5棵,四、五年级共植树(　　)棵。

10. 成语是中国传统文化的一大特色。"四面八方"中的"八方"是指东、南、西、北、东南、西北,以及(　　　　)和(　　　　)。

**第三关,我会判。注意审题,看谁能巧思妙断。( 每小题2分,共10分)**

1. 在计算 $18 \times 26$ 时,先算 $6 \times 18 = 108$,再算 $2 \times 18 = 36$,最后把乘得的积相加。　　　　　　　　　　　　　　　　　　　　(　　)

2.0除以任何不是0的数都得0。　　　　　　　　　　　　　　　　(　　)

3. 两个乘数的积一定比这两个乘数都大。　　　　　　　　　　　(　　)

4. 因为 $60 \div (2 \times 3) = 10$,所以 $60 \div 2 \times 3$ 也等于10。　　　　(　　)

5. □ $\div$ △ $= 4 \cdots\cdots 7$,△最小是8 。　　　　　　　　　　　　(　　)

**第四关,我会选。择优取,善用比较与排除。( 每小题2分,共10分)**

1. 两位数乘两位数,积最多是(　　)位数。

A. 三　　　　　　　　　B. 四　　　　　　　　　C. 五

2. 下列算式中,商最接近70的是(　　)。

A. $244 \div 3$　　　　　　B. $352 \div 5$　　　　　　C. $400 \div 6$

3. 从720里连续减6,减(　　)次正好得0。

A. 102　　　　　　　　B. 120　　　　　　　　C. 130

4.3月22日是"世界水日"。小明做了一项调查发现,一个坏了的水龙头每分钟要浪费掉50克水,照这样计算,这个水龙头1小时浪费掉(　　)克水。小明呼吁:节约每滴水,造福全人类。

A. 500             B. 5000             C. 3000

    5. 玲玲每天早晨从家出发向西南方向走去上学,那么学校在玲玲家的(    )方向。

    A. 东北             B. 西南             C. 西北

**第五关,我会解。**(第 1 题 8 分,第 2、3 题各 4 分,第 4 题 6 分,第 5、6 题各 5 分,第 7 题 7 分,共 39 分)

    1. 学校以"我运动 我快乐 我健康 我成长"为主题的运动会胜利闭幕了,让我们回顾那难忘的场景,来解决运动场上的数学问题吧!

    请观察运动场平面图,完成下面填空。

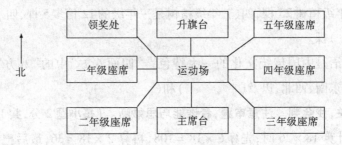

    五年级座席在运动场的(    )角,二年级座席在运动场的(    )角。

    运动场在主席台的(    )面,运动场在升旗台的(    )面。

    三年级的小明同学从座席向(    )方向走到运动场参加 60 米短跑比赛,获得了第一名。他再向(    )方向走到领奖处领奖,最后先向(    )方向走,再向(    )方向走,回到三年级座席。

    2. 一学年表演古诗文诵读《习文舞韵》的学生共有 322 人,平均每列站 8 人,一共站成多少列? 还剩多少人领诵?(列竖式进行计算)

    3. 三年级女生要进行舞蹈表演,老师将参加表演的 240 人平均分成 4 队,每队平均分成 2 组,每组有多少人?(列综合算式,用脱式计算)

    4. 每个学年有 7 个班级,每班参加检阅的有 38 人,5 个学年参加检阅的一共多少人?(用两种方法)

    5. 学生家长 278 人到运动场进行志愿服务,乘坐 7 辆客车去运动场,一辆客车限乘 41 人,请你估一估,能坐得下吗?

    6. 运动会结束后,五一小长假来临。五年级 3 位家长带 50 名学生去植物园游玩。怎样买票最合算?

| 票价 | |
| --- | --- |
| 成人 | 10 元 |
| 学生 | 5 元 |
| 团体<br>（10 人及以上） | 6 元 |

7.我们不仅要坚持锻炼,让自己的身体健康,更要保护视力,让自己的眼睛永远明亮。在 6 月 6 日世界爱眼日即将来临之际,学校开展了"关注眼近视,远离近视眼"的主题活动,下面是三年级一班和五年级一班学生视力情况统计表。

| 班级 | 视力情况及对应人数 | | | |
| --- | --- | --- | --- | --- |
| | 4.2 及以下 | 4.3—4.6 | 4.7—4.9 | 5.0 以上 |
| 三年级一班 | 1 | 6 | 3 | 30 |
| 五年级一班 | 6 | 10 | 9 | 16 |

①视力 5.0 以上的,三年级一班有(　　)人,五年级一班有(　　)人。

②视力 4.2 以下的,三年级一班有(　　)人,五年级一班有(　　)人。

③5.0 以上的视力是正常的,三年级一班视力低于 5.0 的有(　　)人,五年级一班有(　　)人。你想对这些同学说些什么?

# 附录8

## 试卷讲评课实录:"三年级下册1—4单元试卷讲评"

哈尔滨市红岩小学校　郭玲　张鸣

**教学目标:**

1. 借助试卷讲评活动,巩固相关单元知识点,能灵活运用知识分析问题,提高解决问题的能力。

2. 通过自主分析、合作交流等活动,能结合试卷中的典型错题,分析错误原因,查漏补缺,掌握正确的思考方法和解题策略。

3. 增强学好数学的信心,培养认真、严谨的答卷习惯,端正学习态度。

**教学重点:**灵活运用知识解决问题,掌握正确的思考方法和解题策略。

**教学难点:**分析错误的原因,提高解决问题的能力。

**教学准备:**PPT、跟进练习卷。

**教学过程:**

师:同学们,上课前我们来看一张图片,大家认识他吗?孔子在《论语·季氏》中记载,君子有九思,其中有一思叫作疑思问。谁能说说自己是怎么理解的?

生:有疑惑要思考,也可以向别人请教。

师:不错!疑是疑问、疑惑,思是思考,问是询问、提问。当有疑问的时候我们要先思考(孩子补充),如果能够解决,再想一想还能提出什么问题?如果不能解决,那么我们要向别人请教,从中积累自己的学习经验。这节课我们就按照疑思问的思想开始今天的学习,你们准备好了吗?

生:准备好了!

师:好,上课!

**一、关注书写,培养学习习惯**

师:这节课我们上一节期中试卷评析课。(出示课题)我们来看一下这份试卷,看了他的书写你想说点什么?

生:他书写工整美观……

师小结:书写工整美观不仅是一种良好的书写习惯,更是一种认真、细致的学习态度的体现。(出示认真细致)

二、总结考试，激励提升

师：(出示总体成绩)这是我们班的成绩统计表，结合自己的成绩进行分析，你有什么想说的吗？

生：我觉得我如果再细心一些，一定能取得更满意的成绩，所以我要改正自己不认真审题的坏习惯。

师小结：同学们，你们能结合成绩反思自己的不足，那我们每一关的成绩到底是怎么样的呢？

三、分析反思，找准问题

师：(出示一批成绩统计表)观察表格中的数据，从中你能发现什么？

生：第五关，错的人数最多。第一关，错的人数最少……

师：根据一批的情况，昨天我们进行了复改后的二批。你们能预测一下二批的情况吗？

生：第一关能够全改对，第三关也能全改对。

师：这是你们根据一批情况进行的预测，那实际的情况又是怎样呢？(出示二批成绩统计表)对比两次成绩的统计数据，又有什么发现？

生1：我发现，我们的预测比较准，二批中第一关全都改对了。

生2：我发现，第三关同学们也全改对了。说明我们对这两部分的知识掌握得还比较好，但做题的过程中还不够认真。

生3：我发现，第二、第四、第五关还有一部分同学没有订正过来，说明在这些地方我们还存在问题。(演示统计表)

师小结：同学们，通过对期中试卷中的数据进行收集和整理，我们制成了复式统计表，并在对数据进行对比、观察的过程中做出了预测和判断，同时也发现了存在的问题。这就是统计的价值所在。(演示统计表的过程)

四、合作学习，汇报交流，集体订正

师：既然在这三关中存在问题，那谁能说说你们在哪些题中产生了疑问和困惑？

生1：我在第二关第1题中出现了疑问。

师：哪些同学和他出现了相同的问题？

生2：我在第五关第5题和第6题中出现了困惑。

师：这两道题中，又有哪些同学出现了问题？

师:除了这两位同学说到的这几个问题,老师也梳理了试卷中错误比较集中的几道题。请同学们将这几道题画上重点符号,课下整理到自己的错题本上。

师:同学们,这些题目出现错误的原因是什么呢? 我们又该如何改进呢? 请大家结合自己的试卷,按照黑板上的学习要求,再次尝试订正。

活动一:出示学习提示,学生交流研讨。

1. 独立思考

想一想:找到错误的原因,并用简洁的数学语言写下来。

改一改:独立订正画重点符号的错题,不会改的地方可以借助课本。

2. 组内交流

说一说:将改正的答案与组内同学交流。

听一听:正确的同学是怎么思考的? 能给你哪些提示?

师:谁来给大家读一读? (生读)

师:读明白了吗? 老师还要提醒一下没有错误的同学或者已经订正过来的同学,你要想一想还有什么想提醒同学们注意的地方,也可以做个简单的批注。

活动二:集体汇报交流

1. 汇报第二关第1题

师:你想跟大家交流哪道题? 把你的想法和大家说一下吧!

生:这道题我们组有×个人错了。这道题是这样计算的,先用811中的8个百除以4,等于2,写在百位上。十位的1除以4不够商1,添0占位,把1落下来,和个位上的1合成11,再用11除以4,商2,写在个位上,余数是3。

在这里,我写成了$2×4=8$。现在我发现这个2在百位上,表示2个百,所以用200乘4等于800,这个8表示的是800。而这个2表示的是2个一,所以用2乘4等于8,这个表示8个一。

师:对于他汇报的内容,听明白的同学请举手。那你们还有没有需要补充或者提醒大家的地方呢?

生:我要再次提醒大家,不够商1要添0占位。

师:有没有什么问题想问问他的?

生:没有。

师:你们没有,我可有个问题要问问他和大家。

师:这两个明明都是8?你们怎么说它是800,它是8呢?

生:因为这个8在百位上,表示8个百,而这个8在个位上,表示8个一。

师:那这两个2呢?表示的含义一样吗?

生:第一个2在百位上,表示2个百,第二个2在个位上,表示2个一。

师:孩子们,你们同意他的说法吗?

生:同意。

师小结:孩子们,看来数所处的位置不同,表示的大小也不同。在计算中,我们一定要清楚数所在的数位及其对应表示的含义,这样计算才更准确。

师:我们尝试解决一道题。填好的同学立刻坐好,谁来说一下,你是怎么想、怎么填的?

生:我填的是20×18,因为,这个表示的是2个十,用2个十乘18得到的是36个十,也就是360。

师:谁的想法跟他的一样?看来,在乘法的计算中数的位置也决定了计算的含义。其实不但乘除法中我们要关注数的位置,在以前我们学过的加减法的计算中(出示加减运算的式子)要求数位对齐,其实也是告诉我们要关注数的位置。只有这样才能帮助我们在计算中更好地理解算理,从而总结简便的算法。(总结板书)

2. 汇报第四关第5题

师:好,哪个小组接着来汇报?

生:我汇报第四关的第5题。这道题要明白的是玲玲家在学校的什么位置……

师:你认为解决这类问题,最重要的是什么?

生:找准观测点。

师:怎么找?

生:位于"在"字后面、"的"字前面的地点就是观测点。

师:你们同意吗?(生:同意。)找观测点还是有小窍门的,在位置与方向这一单元,如果我们能找准观测点,让坐标图紧跟观测点,那么这类问题就都可以解决了。尝试用你们的方法解决这两道题。

跟进习题:学生读题判断。

①风也是有方向的,风向指的是风吹来的方向。小乐向西走顶风,这刮的

是东风。(　　)

②指南针是我国古代四大发明之一。它总是一头指向北方,另一头指向南方。(　　)

师:这张试卷中还有这一单元的内容吗?

生:第二关第8题,第五关第1题。

师:(出示第五关第1题)好多同学都是这样填的(出示东南方向的填法)。还有一些同学是这样填的(出示先东再南的方法和先南再东的方法)。对比这几种方法,你认为哪个路线更合适?

生1:东南方向走是最近的,但需要穿越运动场,这样不安全。

生2:先东再南或者先南再东,这样的走法,比较安全。

师小结:在生活中我们解决问题时不但要考虑路途的远近,还要考虑安全的因素,更重要的是我们要学会为他人着想、遵守规则,在解决问题时全面考虑各种因素。

3. 汇报第五关第5、第6题。

(1)汇报第5题。

师:哪个小组接着汇报?

生:我们组这道题错了×个人。这道题我是这样想的:把41人估成40,40×7=280,280大于278,所以能坐下。

师:为什么将41估算成40,还能坐下?

生:往小估能坐下,说明实际一定能坐下。

师:还有不同的解决方法吗?

生:把278人估成280人,280÷7=40,人数估多了,平均每辆车才坐40人,40<41,往大估能坐下,所以能坐下。

师:谁的想法跟她的一样?

师小结:(课件呈现两种方法)这两种方法运用了小估和大估的方法,分别用乘法、除法来解决。老师将这道题的数量变一下,还能运用这样的方法来解决吗?

出示:学校家长278人到运动场进行志愿服务,乘坐7辆客车去运动场,一辆客车限乘40人,能坐得下吗?

【引导学生用三种不同的方法解决】

师:在这些方法中,你更喜欢哪种方法?

生:我更喜欢乘法,因为计算比较简便,思考比较容易。

师小结:看来,在解决问题时,能够用到的方法是多样的。我们根据实际情况可以选择估算或者精算,灵活选择最简单的方法解决问题。

(2)汇报第6题。

师:现在就剩最后一道方案问题了,谁来汇报一下自己的想法。

【生汇报三种方案,展台展示学生试卷】

师:他通过计算,得出第三种方案"凑团体"最便宜,谁的想法和他的一样?

(生举手)

师:"凑团体"怎么就便宜了呢?

生:3位家长买团体票,每个人便宜4元,3个人便宜12元,而学生每个人贵了1元,7个人贵了7元,总的算下来还便宜5元。

师:真聪明,能找到最合算的方法。那是不是"凑团体"就一定便宜呢? 看看这两道题。

出示习题:

①运动会结束后,五一小长假来临。五年级4位家长带49名学生去植物园游玩。怎样买票最合算?

②运动会结束后,五一小长假来临。五年级1位老师带52名学生去植物园游玩。怎样买票最合算?

师:在这些买票方案中,哪个方案更合算,留给你们课下继续去探究。

五、总结收获

师:本节课接近尾声,同学们,你们有收获吗?

(根据学生汇报勾画板书)

师:在这节课的最后,老师把孔子的这句话送给大家(课件演示:学而不思则罔,思而不学则殆)。只有把学习和思考结合起来,才能学以致用、学有所获。

【评析】

试卷讲评课作为测评和提高学生学业质量的重要课型,要将试卷的设计、批改、分析及课堂讲评有机结合,是基于教材分析、学情分析、重难点把握、教育教学理念引领,通过多种形式呈现,对学生知识和素养的全面测评。红岩小学校的两位教师从学生生活实际出发,创设运动会这一学校生活情境。在对竞赛项目和场地规划等内容中融入了思想教育和价值引领,引导学生自主探究、深度学习,激发学生高阶思维,并赋予数学以文化浸润,体现了"四位一体"的育人课堂理念,发挥了试卷讲评课的评价引领作用。

试卷的设计是试卷讲评课的基础和前提,试卷的科学分析是试卷讲评课的保障。在试卷讲评课中,"谁是主体"是关键,也就是谁来讲、谁来评、评什么、怎么评。这就是试卷讲评课要探索的核心内容。所有的主题都应该以学生为主体、以教师为主导。教师是学生评价的助力者和引领者。好的试卷讲评课不仅是对学生学业状况进行评价,更是为今后的学习提出方案,以促进扬长避短、和谐发展。

# 后　记

　　本书几经修改和完善,融入了 30 多年来对小学数学教育教学的理解与探索,对小学数学课堂与教研的思考与实践;展现了长期耕耘积淀形成的小学数学教研思想与理念、教研模式与创新、教研策略与方法、课堂剖析与实证;展示了小学数学教研工作紧密联系一线教学的理论与实践的创新成果。本书从小学数学育人课堂出发,依据靶向教研,深刻诠释了"育德、育学、育思、育术"教学理念和面向未来的小学数学育人课堂的有效路径和策略,体现了立德树人教研思想的前瞻性、实践性、靶向性和人文性。

　　数学,特别是启蒙阶段的小学数学教育对于人的观念、思想、思维方式、探索精神和品格形成有着不可替代的潜移默化的作用。因此,在构建编写框架时,本书以数学文化观和全面育人的理念作为着眼点,将打造面向未来的小学数学育人课堂、培育数学素养、弘扬数学文化与面向未来的学生全面发展进行深度融合,为小学数学课堂注入了鲜明的文化特征和育人属性,丰富了新时代小学数学教学研究的内涵,为本书奠定了丰厚的理论基础。同时,为了突出新时代课堂教学的主导思想,坚守为教师专业发展服务的初心,又从围绕"四位一体"育人课堂的主题研讨活动中,从众多教师的实际案例中,汲取营养、去芜存菁,为本书架设了扎实的实践支撑。无巧不成书,在本书最后的修稿阶段,恰逢《义务教育数学课程标准(2022 年版)》颁布,基于思想的一致,理念的契合,于是顺水行舟、吐故纳新,将《义务教育数学课程标准(2022 年版)》中的内容融入本书之中,为本书注入了新鲜的血液,增添了无形的力量。

　　在我国全面深化教育改革的新形势下,特别是在积极推进"双减"政策、"五项管理"教育政策落地,积极推进教育优质均衡发展的今天,强化基础教育教学的理论探索、创新教育教学的实践研究就显得弥足珍贵。于是,拙笔即收,思绪未尽。旧书不厌百回读,旧问经得百般思。结合如今的新时代、新形势、新背景,旧问弥新:好的课堂到底是怎样的? 是育人的课堂? 还不够,应该是师生共育,且师生共浴的课堂。因此,如何让一节好课成为老师们的"家常菜",而不是"节日宴";如何将"高效"根植于我们教育工作者心间,为我们所用;如何高效备课、高效提问、高效反馈、高效评价……为此,我们将一直探寻能够最大化地发挥学生的主体能动作用、发挥老师的引导、激励和提升作用、发挥教学媒体的辅助、支撑作用,促进师生健康、和谐、全面发展的育人课堂。这些将是我们持续探究的内容,也希望在今后的教学实践中可以得到发展和验证。

教育改革和课堂教学改革一直在路上。而本书的撰写仅是在众多教研活动中感悟出来的点滴体会,但它却凝聚了哈尔滨市小学数学教育教学和教研实践众多教研员伙伴和教师朋友的智慧,借此机会表达对各位同人的谢意。感谢我小学数学教研的引路人于排娟老师、赵启泰老师;感谢赵国宏、王宏两位老师多年来对我教研工作的指导、帮助和支持;感谢黑龙江省教师发展学院高枝国教授的提点;特别还要感谢在本书编撰过程中给予无私帮助的孙晶、高崇辉、杨思微、张任峰、汲淼、郑婷婷、单洁、杨曦敏等多位老师,以及提供教育教学教研智慧和优秀课例的教研员和老师们。在本书出版之际,尤其要感谢黑龙江大学出版社编校人员的辛勤工作,为本书提升了品质。

然而,由于作者水平有限,加之时间紧迫,书中难免有错误和不足之处,敬请读者提出宝贵意见。勤耕敏学,教育无涯,愿漫步在无止之境,以初心践之!